KB276122

열두 지파 탐사 여행

워크북

"…스스로 개척하라… 그 산지도 네 것이 되리니

비록 삼림이라도 네가 개척하라 그 끝까지 네 것이 되리라…"

_여호수아 17:15-18

12 Weeks Bible Study on the 12 Tribes of Israel by Joel C. Lee

12주에 끝내는 열두 지파 탐사 여행

이요엘 지음

8년간 이스라엘과 중동에서 거주한 저자가
실제 열두 지파 탐사를 통해 기록한 생생한 현장 대공개!

성서의 배경·지리·언어·풍습·문화 등을 총망라한
'이스라엘 백과사전'

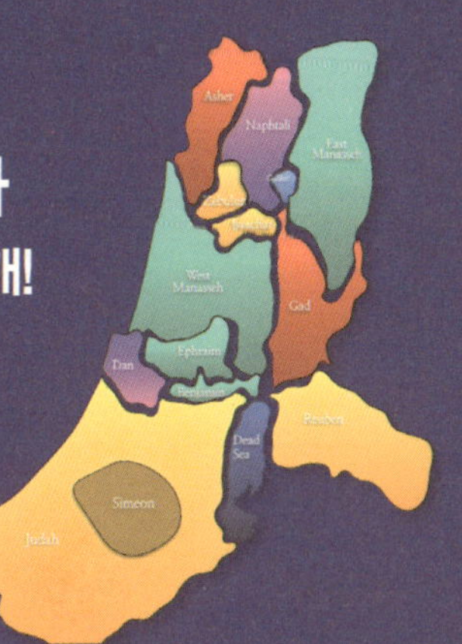

iN크리스토
in Christo

목차

『12주에 끝내는 열두 지파 탐사 여행 워크북』으로 성경 속 도시를 익혀보자. 이 도시들에 익숙해지면 성경을 이해하기가 쉬워진다. 이는 이 책의 목적이기도 하다. 구약에는 수많은 도시가 나타난다. 특히 여호수아-사사기-역대기를 읽다 보면 계속 언급되는 도시의 이름으로 인해 복잡하고 어렵게 느껴진다. 그러나 아무리 생소한 도시라도 성경에 기록된 것으로도, 이 얼마나 위대한가! 파편 같은 도시를 열두 지파로 정리함으로써 구약을 통독하고자 하는 모든 이의 짐을 줄이는 것이 이 책의 방향이다.

도시 암초의 숲을 뒤적거리면 은혜의 보석을 주울 수 있다. 이 은혜는 인간을 제련/연단하기 위한 하나님의 선물이다. 당신을 신비로운 성경의 세계로 안내하기 위해 제작된 이 책으로 성경 읽기를 통해 부어지는 전율에 뒤집혀보자!

이 워크북은 지리로 가득 차 있다. 질문도 있고, 쓸거리도 많다. 이는 말씀이 형성된 장소를 지리적으로 파악하기 위해서다. 말씀에 지리를 가미하면 해석적 원형이 발생한다. 성경 해석의 놀라운 원소가 된다. 성경은 지리로 충만하고, 지리는 하나님이 쓰는 언어이기도 하다. 지리는 감동적이기에 인간을 끝없이 움직이게 한다. 『12주에 끝내는 열두 지파 탐사 여행』에 기록한 열두 지파의 지형과 각 도시의 역사, 그곳에서 발생한 이야기와 역사적·고고학적 자료, 식물의 다양성, 지리에 대한 학습까지 하나로 묶어 놓았다. 이렇게 탈탈 털어낸 학습은 성경을 좀 더 가까이 살펴보기 위함이다.

이 워크북에서는 『12주에 끝내는 열두 지파 탐사 여행』에 수록한 야곱의 축복 대신 '모세의 축복'을 담았다신명기 33장의 모세가 열두 지파를 축복한 내용. 40년간 평생 말 안 듣던 열두 지파의 생태를 파악하고 난 후 베푼 복이다. 모세가 실망하며 경험했던 인간에 대한 미래형 축복을 함께 살펴보자.

또한 이 워크북에는 열두 지파의 각 도시를 담았다. 물론 사라진 도시나 모호한 장소도 많다. 열두 지파에 대한 지리도 확실하지 않다. 도시가 사라지거나 지속되지 못했기 때문이다. 이는 지리학자들의 번민이기도 하다. 필자도 열두 지파를 구획화하느라 애를 먹었다. 이곳에서는 초보 운전자를 위한 지도 여행을 택했으니 베테랑들은 큰 가슴으로 이해해 주길 바란다.

이 워크북을 다음과 같이 학습하라!

첫째, 각 과에 탑재된 지도를 보며 질문에 답하라.

둘째, 각 과 디테일 지도에 제시된 성경을 읽으면서 나오는 도시에 동그라미를 쳐라!

셋째, 각 과에 있는 리뷰와 디스커션 코너에 나오는 질문에 답을 쓰고 함께 이야기하라! 리뷰는 뒤편에 해답서를 수록해 놓았으니 참고하라!

워크북이 모든 걸 알려주지 않는다. 디만 워크북이 인도하는 대로 동그라미를 쳐보고, 질문에 답을 적고, 이야기 하다 보면 어느새 성경의 이해도가 높아진다! 르우벤 지파부터 시작해서 베냐민 지파로 끝나는 이 책과 함께 근사한 여행길을 떠나길 바란다.

워크북과 본 책인 『12주에 끝내는 열두 지파 탐사 여행』에 게재된 모든 지도는 필자가 손수 그렸다. 혹시나 오류가 발견된다면 추후 수정해서 바로 잡겠다.

• 열두 지파 분류표 •

	지파와 뜻	모친	분배받은 가나안 땅의 지역	주전 13세기 사사 시대	주전 10~7세기 왕국 시대	지파에 속한 사람	지파에게 예언된 축복과 삶
1	르우벤 '보라 아들이라'	레아	요르단 강 동편의 트란스요르단의 산악지대를 받음(수 13:8-23).	가나안 전쟁에 참여하지 않으므로 비난받음.	시리아(아람)의 지배를 당했고 아시리아 제국의 포로로 잡혀감(대상 5:26).	영향력 없음.	서모와의 부적절한 관계로 장자권을 박탈당함. 그로 인해 영향력 상실함.
2	시므온 '순종'	레아	유다 지파와 함께 땅을 분배했으나 네게브 사막 지대 불모의 땅을 얻게 됨.	유다 지파의 청원을 받아 가나안 정복 전쟁에 가담함(삿 1:3).	거의 영향력을 발휘하지 못하고 유다 지파에 동화되었으며, 시므온 지파의 한 부류는 요르단 동쪽 세일산으로 옮겨가서 살기도 함(대상 4:42).	영향력 없음.	이스라엘 리더 모세의 축복 기도에서 제외됨(신 33). 동생 유다 지파처럼 번성하지 못했고, 유명한 인재도 없었음. 하지만 탁월한 전쟁 기술을 가지고 있었음(대하 4:43).
3	레위 '연합, 결합시킴'	레아	48개의 도시를 받음(수 21). 레위 지파는 땅을 받지 못하고 각지로 흩어져 48개 도시에서 타 지파와 함께 거주함.	전국에 퍼져나가 도시마다 레위 지파 촌을 형성하여 살아감.	예루살렘 성전을 중심으로 살았으며, 율법을 필사하는 서기관 활동 및 유다 전체에 퍼져 살면서 영적인 삶을 주도함.	모세, 아론, 고라, 미리암, 나답, 아비후, 엘르아살, 사무엘, 엘가나, 사독, 힐기야.	온 지파 인구가 하나님의 성막을 관리하는 직책을 맡았기에 가나안 땅은 분배받지 못함(민 3:11-13).
4	유다 '찬송'	레아	중앙 산악지대의 중심부를 차지함. 안전지대에 거주함.	가나안 도시들을 정벌하는 데 혁혁한 공을 세움.	분열된 왕국의 남방지역에 살며 유다 왕국을 지속시킴. 모든 유다 왕이 이 지파에서 나옴.	갈렙, 아간, 다윗, 야베스, 옷니엘.	넷째 아들로 이스라엘의 왕권을 받았던 지파로써 가장 강력한 리더십을 장악함.
5	단 '판단, 판결, 심판'	빌하	원래는 텔아비브 쪽 영토를 얻었으나 북방으로 옮겨가 친형제 납달리 지파와 땅을 공유함.	이때까지 땅을 분배받지 못해서 정착의 어려움을 겪음. 북방 라이스 땅으로 이주함(삿 18).	북쪽에 위치한 관계로 여로보암 왕이 단의 도시에 금송아지 우상 숭배를 세우는 데 동조함(왕상 12:29).	오홀리압(출 31:6), 삼손(삿 13:2).	모세의 축복 기도에 바산(골란)에서 뛰어 나오는 사자 새끼로 명함. 그 지역을 다스리는 용맹성을 나타냄(신 33:22).
6	납달리 '나의 쟁투'	빌하	갈릴리 호수의 아름다움을 차지함.	바락과 드보라의 전쟁을 크게 도와줌(삿 4).	아시리아의 침공 때에 제일 먼저 온 지파 사람들이 포로로 사로잡아 끌려가게 됨(왕하 15:29).	바락.	지리적 한계성을 넘어 남쪽과 서쪽으로 땅의 확장을 예견하는 복을 입음. 복이 가득한 지파로 축복을 얻음(신 33:23).

	지파와 뜻	모친	분배받은 가나안 땅의 지역	주전 13세기 사사 시대	주전 10~7세기 왕국 시대	지파에 속한 사람	지파에게 예언된 축복과 삶
7	**갓** '행운 또는 군대'	실바	요르단 강 건너 동부 지역을 차지했으며, 모든 지파 사람이 하나님 율법을 철저히 순종함(신 33:21).	길르앗 출신의 사사 입다를 지원함.	근처의 암몬 족의 침공을 받아 도시들이 점령을 당함(렘 49:1).	영향력 없음.	
8	**아셀** '복, 행복함'	실바	지중해안가를 차지했으며, 레바논과 경계를 이루었음. 아름다운 자연 풍광을 선물로 받음.	드보라와의 전쟁에는 불참했으나(삿 5:15) 기드온의 전투에는 참여하여(6:35, 7:23) 승전을 올림.	다윗 시대에 중요성이 상실됨(대상 12:8), 앗수르로 포로가 되어 이주함(대상 5:25), 암몬이 점령(렘 29:1).	영향력 없음.	많은 자손을 얻게 될 것이라는 복을 얻음(신 33:24).
9	**잇사갈** '상을 주다'	레아	이스라엘 최고의 곡창지대를 차지함(수 19:17-23).	드보라의 승전 노래에서 칭송을 받음(삿 5:15).	전쟁에 능한 용사들이 대거 배출됨(대하 7:5).	사사 돌라, 이스라엘 왕 바아사.	풍부한 해상 산업과 모래 속에 숨겨진 보배를 얻게 되는 복을 얻음(신 33:19).
10	**스불론** '공경하다, 함께 거주하다'	레아	갈릴리 동쪽과 지중해 사이의 지역(수 19:10-16)을 차지함.	드보라와 기드온을 크게 도와 전쟁을 승리로 이끎(삿 5:14, 18, 6:35).		사사 엘론.	전쟁에서 기선을 제압하게 되는 군사력 증대의 복을 받게 됨(신 33:18).
11 / A	**요셉- 므낫세** '잊혀짐'	라헬	반은 요르단 강 동편 상부 지역(수 13:29-33), 반은 요단 서쪽을 차지함(수 17:5-11).	입다, 기드온 등의 사사를 통해 큰 영향력을 전 이스라엘 사회에 정착시킴.	히스기야 왕의 유월절 초청에 응하지 않을 정도로 독자적 노선을 취함.	입다, 기드온, 엘리야, 마길, 슬로브핫.	하늘에서 내리는 복인 이슬과 샘물을 얻게 되며, 땅끝을 얻게 되는 복을 예견함(신 33:13-17)
11 / B	**요셉- 에브라임** '열매들'	라헬	가나안 지역에서 가장 안전한 중앙 산악지대와 풍부한 농토를 가진 지역을 배정받음.	최초의 이스라엘 수도 실로를 중심으로 전 이스라엘을 통치함.		어호수아, 사사 압돈, 여로보암 1세.	므낫세의 동생이나 실제적인 장자권을 취득(창 48:20)했고 농업과 상업, 리더십과 정치력의 막대한 증강의 복을 얻음(신 33:15-17).
12	**베냐민** '오른 손의 아들'	라헬	유다, 단, 에브라임 지파 사이의 중앙 산악 지역(수 18:21-28)을 얻음.	열 지파와 내전을 치르면서 가장 큰 좌절과 고통을 겪음.	왕국이 분열할 때 유다와 함께 남왕국을 형성하는 데 함께 동조함.	사사 에훗, 사울, 요나단.	하나님의 특별한 사랑을 입게 되리라는 예언으로 인해 이스라엘의 초대 왕 사울이 선정됨(신 33:12).

• 성경 이해를 위한 연대기표 •

주전 2166~1859년	족장 시대아브라함, 이삭, 야곱 생존 시대
주전 1858~1445년	가나안에서 이집트로 이주 시대
주전 1446년	출애굽 시대후기 출애굽설로는 주전 1220년
주전 1440여 년경	여호수아 시대
주전 1090~1015년	사무엘과 사사 시대
주전 1050~1010년	사울 왕 시대
주전 1010~970년	다윗 왕 시대
주전 970~931년	솔로몬 왕 시대
주전 931~586년	열왕 시대
주전 853~742년	아시리아 발흥기
주전 722년	아시리아에게 이스라엘 패망
주전 586년	유다의 패망바빌로니아에 의해
주전 539년	바빌로니아의 패망
주전 538년	페르시아 시대 등극
주전 520~518년	예루살렘 제2 성전의 완공
주전 333~135년	헬라 시대
주전 167~164년	유다 마카비 형제의 혁명
주전 134~63년	하스모니안 시대유다 독립왕조
주전 63~주후 638년	로마에 의한 유다 점령

주전 37~4년	헤롯 대제의 통치
주전 4~주후 73년	헤롯 가문에 의한 통치
주후 70년	예루살렘 성전의 파괴
주후 66~73년	유대인들의 제1차 대 로마항쟁
주후 132~135년	유대인의 제2차 대 로마항쟁
주후 200년	『미쉬나』 편찬
주후 550년	『탈무드』 편찬바빌로니아에서
주후 324~638년	비잔틴 시대
주후 638~1099년	이슬람의 발흥 시대
주후 1099~1187년	십자군 시대
주후 1187~1517년	맘루크 시대이집트 무슬림
주후 1517~1917년	오스만튀르크 시대
주후 1917~1948년	영국의 위임 통치
주후 1948년	이스라엘 독립
주후 1948~1967년	이스라엘과 요르단의 분할 통치
주후 1987년	팔레스타인의 민중 봉기인티파다

*이 연대는 표준 연대를 기준으로 했으나 간혹 학자들 간에 이견이 있음을 밝힌다.

서론

1. 『12주에 끝내는 열두 지파 탐사 여행』의 서론을 읽은 후에 아래 질문에 답해 보라.

■1 이스라엘은 세 개 문명권이 만나는 충돌 지대에 위치했다! 그 세 지역은 어디인가?

■2 이스라엘에 문명 발달이 안된 이유는 무엇인가?

■3 이집트와 메소포타미아의 유명한 강은 어디인가?

2. 지도 네모칸에 열두 지파의 이름을 적어 보라.

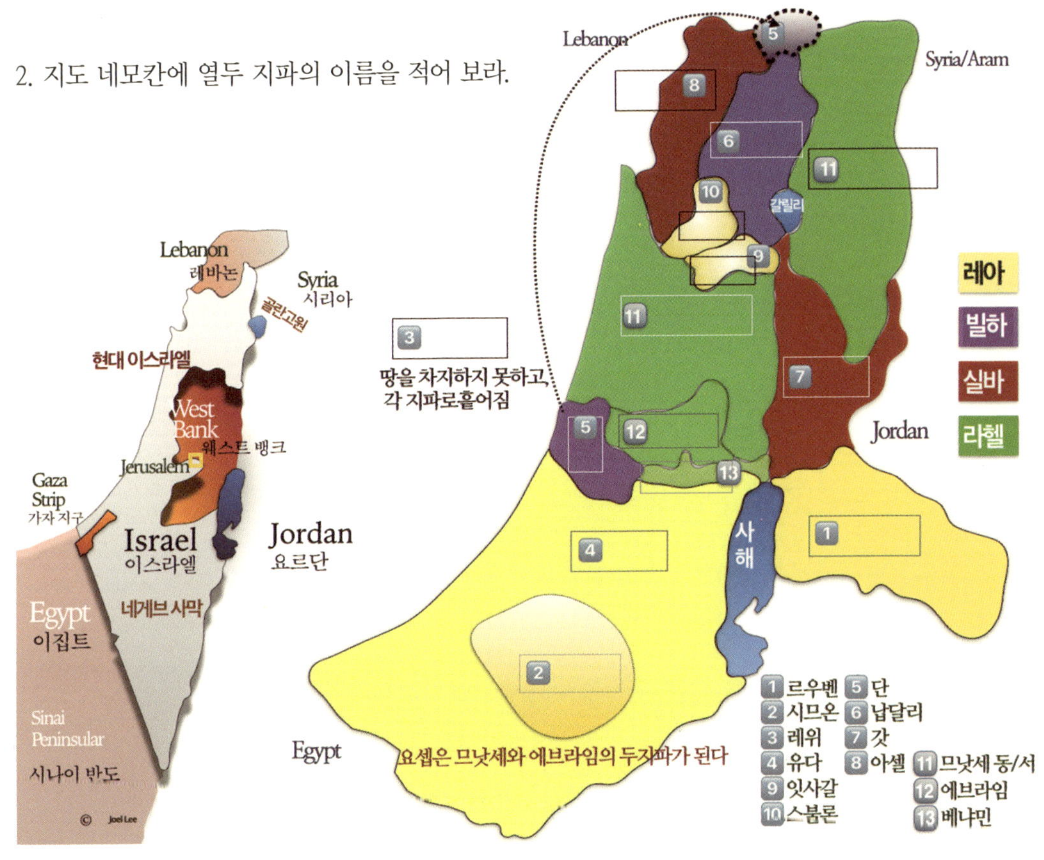

•복습• 색깔로 구분한 각 지파의 이름과 그 지파의 어머니 이름을 적어 보자.

색깔 구분	지파 이름				지파의 어머니 이름
노란색	,	,	,	,	
보라색	,				
빨간색	,				
초록색	,	,	,		

르우벤 지파 영원히 아웃사이더로 남겨졌다

모세의 마지막 축복 기도

"르우벤은 죽지 아니하고 살기를 원하며 그 사람 수가 적지 아니하기를 원하나이다"_신 33:6

1. 지도를 자세히 살피면서 다음의 질문에 답해 보자답을 모를 경우에는 뒤쪽에 해답을 참고.

> **1** 르우벤 지파의 남쪽 경계가 되는 강은 무엇인가?민 21:13
>
> **2** 르우벤 지파 남쪽에 있는 나라는 어디인가?
>
> **3** 이 강의 이름은 무엇이며, 그 아래에는 어떤 나라가 있는가?
>
> **4** 세렛 강의 남쪽에 있는 나라는 어디인가?
>
> **5** 신구약 중간기의 나바테안 족 수도로써, 구약에서 셀라로 불린 남쪽 도시는?왕하 14:7

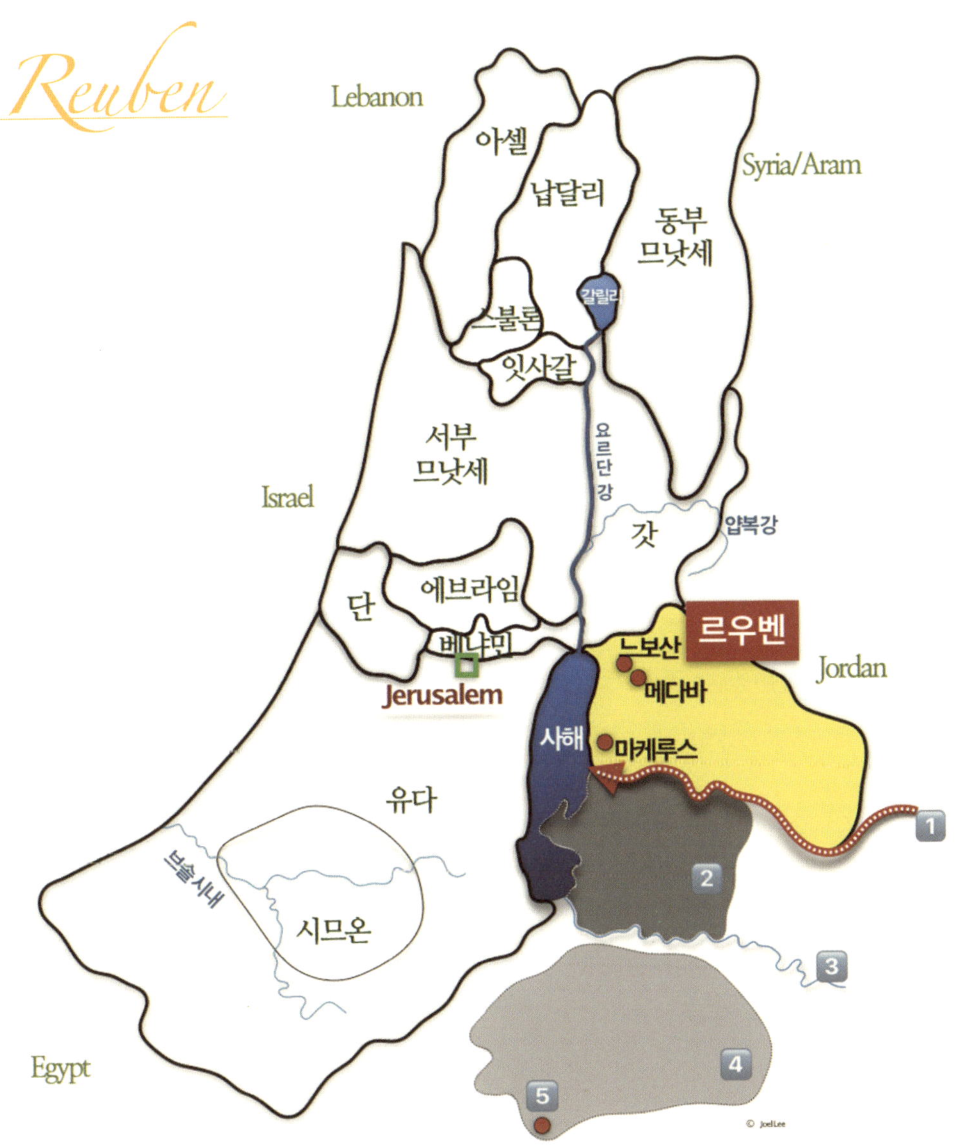

Reuben
Lebanon
Syria/Aram
아셀
납달리
동부
므낫세
갈릴리
스불론
잇사갈
요르단강
서부
므낫세
Israel
갓
얍복강
단
에브라임
벤냐민
느보산
르우벤
Jordan
메다바
Jerusalem
사해
마케루스
유다
브술시내
시므온
Egypt
© JoelLee
1
2
3
4
5

2. 르우벤 지파의 디테일 맵

■ 아래 성경을 읽으면서 지도에 나오는 도시를 동그라미로 표시해 보라!지도에 없는 도시는 사라졌거나 크게 중요하지 않은 도시이다

르우벤 지파의 도시

"모세가 르우벤 자손의 지파에게 그들의 가족을 따라서 기업을 주었으니 그들의 지역은 아르논 골짜기 가에 있는 아로엘에서부터 골짜기 가운데 있는 성읍과 메드바 곁에 있는 온 평지와 헤스본과 그 평지에 있는 모든 성읍 곧 디본과 바못 바알과 벧 바알 므온과 야하스와 그데못과 메바앗과 기랴다임과 십마와 골짜기의 언덕에 있는 세렛 사할과 벳브올과 비스가 산기슭과 벧여시못과 평지 모든 성읍과 헤스본에서 다스리던 아모리 족속의 왕 시혼의 온 나라라 모세가 시혼을 그 땅에 거주하는 시혼의 군주들 곧 미디안의 귀족 에위와 레겜과 술과 훌과 레바와 함께 죽였으며 이스라엘 자손이 그들을 살륙하는 중에 브올의 아들 점술가 발람도 칼날로 죽였더라 르우벤 자손의 서쪽 경계는 요단과 그 강 가라 이상은 르우벤 자손의 기업으로 그 가족대로 받은 성읍들과 주변 마을들이니라"_여호수아 13:15-23

르우벤 지파 *Reuben*

『12주에 끝내는 열두 지파 탐사 여행』 1과의 르우벤 지파를 읽고 답해 보라.

1. 르우벤 지파가 살던 트란스요르단 지역에서 일어난 사건들을 적어 보라!

2. 르우벤 지파가 차지한 땅은 어떤 지리적 특색이 있는가?

3. 출애굽 당시 루트로 이용된 도로민 20:17는 무엇이며, 그 길에 살던 세 민족은 누구인가?

창조적으로 자신의 생각을 토론해 보라.

1. 왜 땅을 나눌 때 제비를 뽑아서 나누어야 했을까? 『12주에 끝내는 열두 지파 탐사 여행』의 Introduction 참고

2. 성경은 르우벤의 성범죄의 결과에 대해 침묵한다. 다만 부친 야곱의 절망감을 통해창 49:4,

   성범죄의 심각성을 추론해 볼 수 있다. 왜 성범죄를 피해야 하는지 르우벤의 결과를 생각

   하며 이야기해 보라!

3. 당신은 열두 지파 가운데 어떤 지파의 땅을 선택하고 싶은가? 그 이유는 무엇인가?

시므온 지파 사막에서 유랑하다가 다시 사막으로 가다

모세의 마지막 축복 기도

모세는 시므온 지파를 축복하지 않았다. 축복이 없는 것도 축복이다.

1. 지도를 자세히 살피면서 다음의 질문에 답해 보자.

1 시글락에서 일어난 일은 무엇인가? 길보아 산에서 시글락까지 거리를 생각해 보자

삼하 1:1-16, 4:10.

2 호르마에서 무슨 일이 있었는가? 신 1:44-46

3 브엘세바에서 있었던 일은 무엇인가? 창 21:22-34

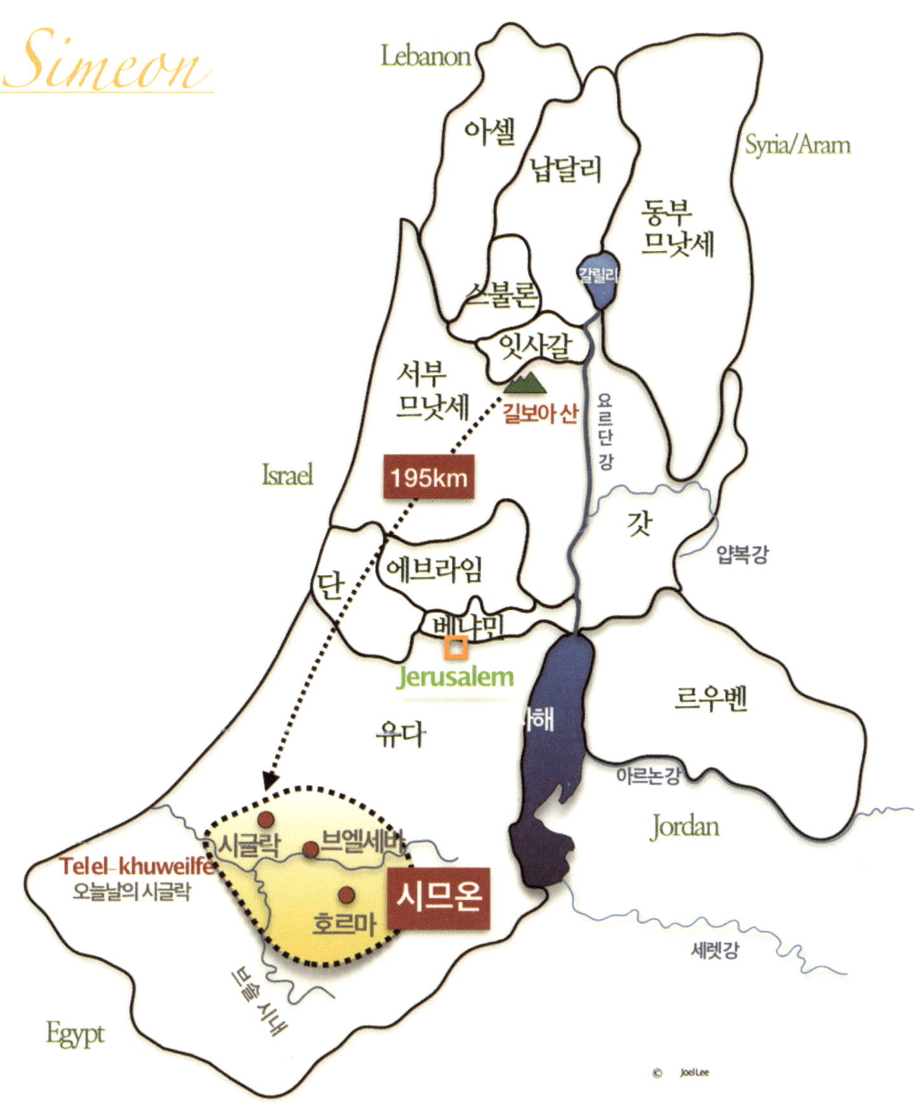

Simeon
Lebanon
Syria/Aram
아셀
납달리
동부
므낫세
스불론
갈릴리
잇사갈
서부
므낫세
길보아 산
요르단강
Israel
195km
갓
얍복강
단
에브라임
베냐민
Jerusalem
르우벤
유다
사해
아르논강
Jordan
시글락
브엘세바
Tel el-khuweilfe
오늘날의 시글락
시므온
호르마
세렛강
Egypt
시내
© Joel Lee

2. 시므온 지파의 디테일 맵

■ 아래 성경을 읽으면서 지도에 나오는 도시를 동그라미로 표시해 보라!지도에 없는 도시는

   사라졌거나 크게 중요하지 않은 도시이다

시므온 지파의 도시

"둘째로 시므온 곧 시므온 자손의 지파를 위하여 그들의 가족대로 제비를 뽑았으니 그들의 기업은 유다 자손의 기업 중에서라 그들이 받은 기업은 브엘세바 곧 세바와 몰라다와 하살 수알과 발라와 에셈과 엘돌랏과 브둘과 호르마와 시글락과 벧 말가봇과 하살수사와 벧 르바옷과 사루헨이니 열세 성읍이요 또 그 마을들이며 또 아인과 림몬과 에델과 아산이니 네 성읍이요 또 그 마을들이며 또 네겝의 라마 곧 바알랏 브엘까지 이 성읍들을 둘러 있는 모든 마을들이니 이는 시므온 자손의 지파가 그들의 가족대로 받은 기업이라 시므온 자손의 이 기업은 유다 자손의 기업 중에서 취하였으니 이는 유다 자손의 분깃이 자기들에게 너무 많으므로 시므온 자손이 자기의 기업을 그들의 기업 중에서 받음이었더라"_여호수아 19:1-9

*시므온 지파의 도시 중에 현재는 알 수 없는 지역도 있다.

시므온 지파 *Simeon*

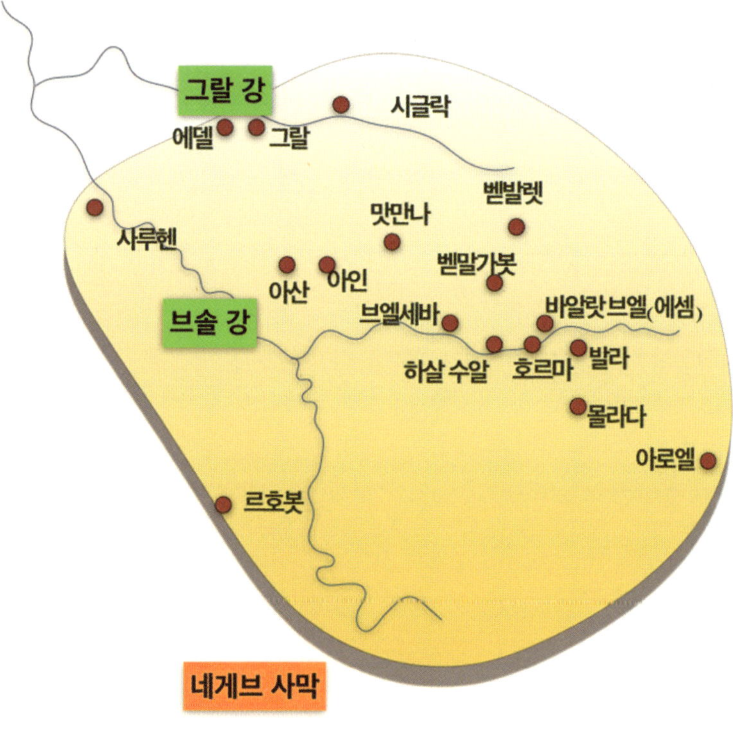

『12주에 끝내는 열두 지파 탐사 여행』 2과의 시므온 지파를 읽고 답해 보라.

1. 신명기 33장의 모세의 축복에서 시므온 지파가 빠진 이유가 무엇인가? 민수기 25장을 함께 읽고 사망한 시므온 지파의 시므리를 생각하며 이야기해 보자.

2. '단에서부터 브엘세바까지'의 경계는 무엇을 의미하는가?

3. 아모스가 네게브의 관문 도시인 브엘세바가 무너질 것에 대해 예언한 이유는 무엇인가?

1. 시므온 지파의 불합리한 지형을 보면서 하나님의 심정이 어떠했는지, 계획은 무엇인지 추론해 보고, 현재 당신이 처한 삶의 무게를 어떻게 감당해야 하는지 이야기해 보자.

2. 시므온 지파가 차지한 불모지에 감춰진 거대한 지하자원을 통해 느껴지는 하나님의 성품에 대해서 이야기해 보라!

3. 왜 아브라함은 연간 강우량이 200mm 정도의 최남단 브엘세바를 선택해서 살아야 했을지 추론해 보라!

레위 지파 다른 형제들의 유익을 위해 살았던 자들

모세의 마지막 축복 기도

"여호와여 그의 재산을 풍족하게 하시고 그의 손의 일을 받으소서 그를 대적하여 일어나는 자와 미워하는 자의 허리를 꺾으사 다시 일어나지 못하게 하옵소서" _신 33:11

1. 지도를 자세히 살피면서 다음의 질문에 답해 보자레위 지파는 땅을 받지 못했지만 48개의 도시를 받아 열두 지파의 땅에 흩어져서 살았다. 또한 할당된 여섯 개의 도피성에 살면서 관리했다.

■1 요르단 강 서편에서 도피성refuge을 가진 지파와 그 도시를 적어 보라!수 20:7

　　1　　　　　2　　　　　3

■2 요르단 강 동편에서 도피성을 가진 지파와 그 도시를 적어 보라!수 20:8

　　4　　　　　5　　　　　6

■3 도피성을 마련한 이유는 무엇인가?수 20:9

■4 다음 지파의 도시들에서 어떤 일이 있었는지 성경을 찾아보자레위 지파의 48개 도시 중에서.

　　1 아셀 지파의 미살시 42:6

　　2 유다 지파의 드빌수 15:13-19

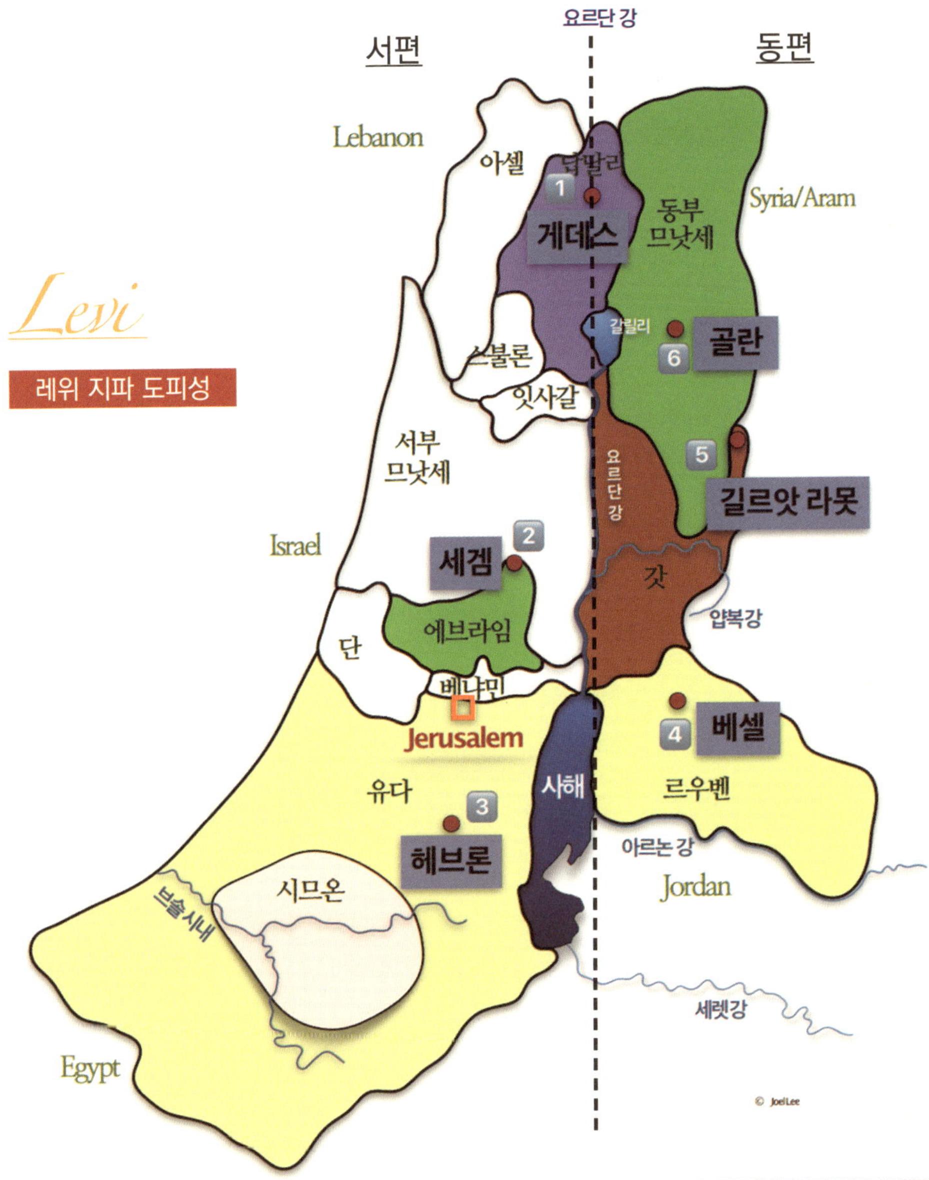

3 르우벤 지파의 야하스민 21:23-26

4 유다 지파의 립나왕하 19:8, 사 37:8

5 단 지파의 게젤왕상 9:15-17

2. 레위 지파의 디테일 맵48개의 레위 지파 도시들

■ 아래 성경을 읽으면서 지도에 나오는 도시를 동그라미로 표시해 보라!지도에 없는 도시는 사라졌거나 크게 중요하지 않은 도시이다

<u>도피성</u>

"이스라엘 자손에게 말하여 이르기를 내가 모세를 통하여 너희에게 말한 도피성들을 너희를 위해 정하여 부지중에 실수로 사람을 죽인 자를 그리로 도망하게 하라 이는 너희를 위해 피의 보복자를 피할 곳이니라 이 성읍들 중의 하나에 도피하는 자는 그 성읍에 들어가는 문 어귀에 서서 그 성읍의 장로들의 귀에 자기의 사건을 말할 것이요 그들은 그를 성읍에 받아들여 한 곳을 주어 자기들 중에 거주하게 하고 피의 보복자가 그의 뒤를 따라온다 할지라도 그들은 그 살인자를 그의 손에 내주지 말지니 이는 본래 미워함이 없이 부지중에 그의 이웃을 죽였음이라 그 살인자는 회중 앞에 서서 재판을 받기까지 또는 그 당시 대제사장이 죽기까지 그 성읍에 거주하다가 그 후에 그 살인자는 그 성읍 곧 자기가 도망하여 나온 자기 성읍 자기 집으로 돌아갈지니라 하라 하시니라 이에 그들이 납달리의 산지 갈릴리 **게데스**와 에브라임 산지의 **세겜**과 유다 산지의 **기럇 아르바 곧 헤브론**과 여리고 동쪽 요단 저쪽 르우벤 지파 중에서 평지 광야의 **베셀**과 갓 지파 중에서 **길르앗 라못**과 므낫세 지파 중에서 **바산 골란**을 구별하였으니 이는 곧 이스라엘 모든 자손과 그들 중에 거류하는 거류민을 위하여 선정된 성읍들로서 누구든지 부지중에 살인한 자가 그리로 도망하여 그가 회중 앞에 설 때까지 피의 보복자의 손에 죽지 아니하게 하기 위함이라" _여호수아 20:2-9

*참고로 읽어야 할 성경_여호수아 21:1-42

레위 지파 *Levi*

레위의 세 부족이
차지한 48개의 성읍

- 고핫 자손　○
- 게르손 자손　●
- 므라리 자손　●

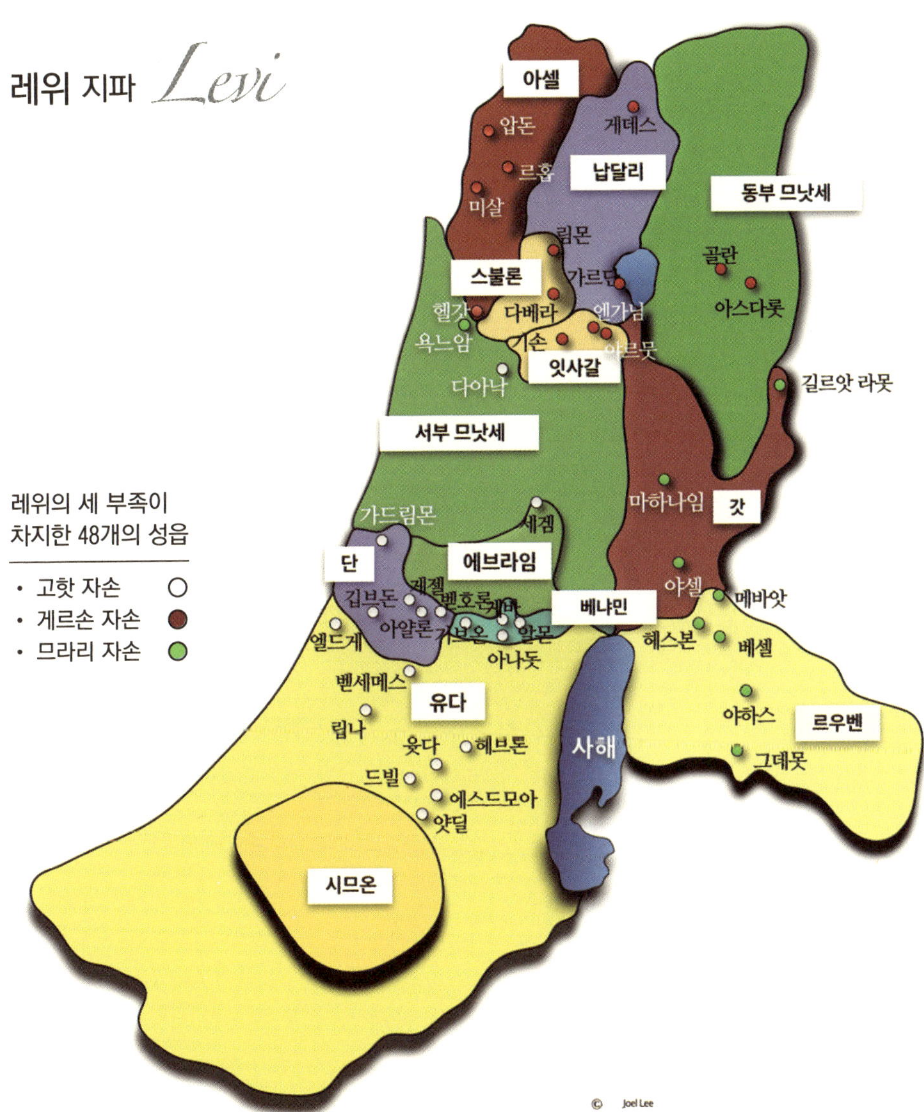

『12주에 끝내는 열두 지파 탐사 여행』 3과의 레위 지파를 읽고 답해 보라.

1. 레위의 세 아들 이름과 각각 어떤 일을 했으며 살았던 지역은 어디인가?

2. 레위인의 봉사 가능한 연령대는 언제까지인가?

3. 성경에 명확한 근거를 제시하지 않았으나, 땅을 얻지 못하고 전국에 흩어진 레위인의 사명이 무엇이었을까?

창조적으로 자신의 생각을 토론해 보라.

1. 레위 지파는 영토를 얻지 못했지만 48개의 도시와 목초지가축과 재물 포함를 얻었다. 하나님이 보장하신 생존권이다. 정의로운 분배를 위해 어떻게 해야 하는지 토론해 보라.

2. 전국 48개의 도시에 살면서 레위인이 해야 했던 사명은 무엇이었을까? 또한 사사기 19장 1-3절을 읽고 당시 레위인의 행동에 관해 이야기해 보자.

3. 여섯 개의 도피성을 만드신 하나님의 계획 속에서 하나님의 어떤 성품을 배울 수 있는가?

유다 지파 구속사는 예루살렘주전 1004년~970년에서 시작되었다

모세의 마지막 축복 기도

"유다에 대한 축복은 이러하니라 일렀으되 여호와여 유다의 음성을 들으시고 그의 백성에게로 인도하시오며 그의 손으로 자기를 위하여 싸우게 하시고 주께서 도우사 그가 그 대적을 치게 하시기를 원하나이다" _신 33:7

1. 제시된 성경 구절과 지도를 자세히 살피면서 다음의 질문에 답해 보자답을 모를 경우에는 뒤쪽

   에 해답을 참고.

> **1** 기럇 여아림에서 있었던 일은 무엇인가?삼상 6:20-7:2
>
> **2** 라기스에서 무슨 일이 있었는가?왕상 19:8-35
>
> **3** 드고아는 누구의 고향인가?암 1:1 ; 렘 6:1
>
> **4** 마온은 누구와 관련이 있는 곳인가?삼상 25:40

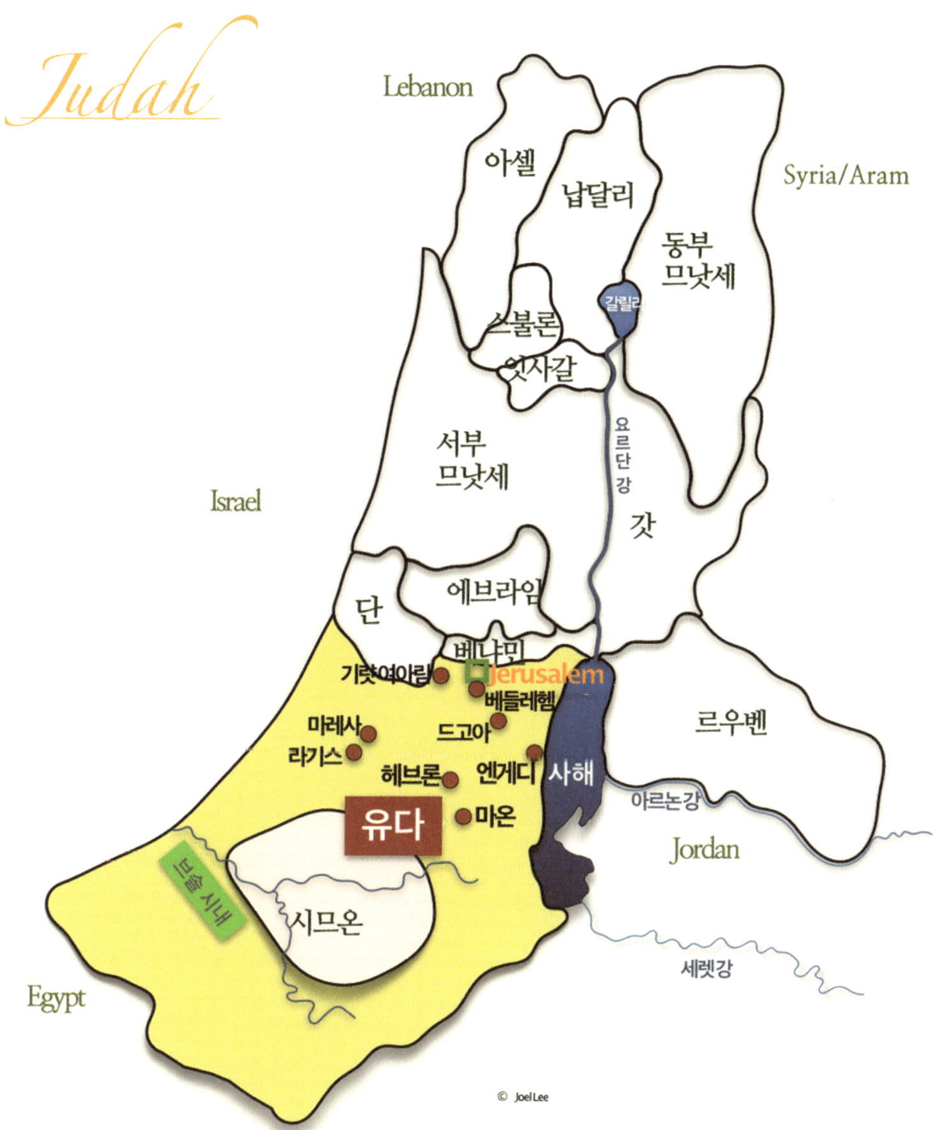

Judah
Lebanon
Syria/Aram
아셀
납달리
동부
므낫세
갈릴리
스불론
잇사갈
서부
므낫세
요르단강
갓
Israel
단
에브라임
베냐민
기럇여아림
Jerusalem
베들레헴
마레사
드고아
라기스
르우벤
헤브론
엔게디
사해
유다
마온
아르논강
Jordan
시므온
Egypt
세렛강
© Joel Lee

2. 유다 지파의 디테일 맵

■ 아래 성경을 읽으면서 지도에 나오는 도시를 동그라미로 표시해 보라!지도에 없는 도시는
사라졌거나 크게 중요하지 않은 도시이다

블레셋 다섯 도시

"블레셋 사람이 여호와께 속건제물로 드린 금 독종은 이러하니 <u>아스돗</u>을 위하여 하나요 <u>가사</u>를 위
하여 하나요 <u>아스글론</u>을 위하여 하나요 <u>가드</u>를 위하여 하나요 <u>에그론</u>을 위하여 하나이며"_삼상 6:17

유다지파의 도시들

"또 유다 자손의 지파가 그들의 가족대로 제비 뽑은 땅의 남쪽으로는 에돔 경계에 이르고 또 남쪽
끝은 신 광야까지라 또 그들의 남쪽 경계는 염해의 끝 곧 남향한 해만에서부터 아그랍빔 비탈 남쪽으
로 지나 신에 이르고 <u>가데스 바네아</u> 남쪽으로 올라가서 헤스론을 지나며 아달로 올라가서 돌이켜 갈가
에 이르고 거기서 아스몬에 이르러 <u>애굽 시내</u>로 나아가 바다에 이르러 경계의 끝이 되나니 이것이 너희
남쪽 경계가 되리라 그 동쪽 경계는 <u>염해</u>이니 요단 끝까지요 그 북쪽 경계는 요단 끝에 있는 해만에서
부터 벧 호글라로 올라가서 벧 아라바 북쪽을 지나 르우벤 자손 보한의 돌에 이르고 또 아골 골짜기에
서부터 <u>드빌</u>을 지나 북쪽으로 올라가서 그 강 남쪽에 있는 아둠밈 비탈 맞은편 길갈을 향하고 나아가
엔 세메스 물들을 지나 엔로겔에 이르며 또 힌놈의 아들의 골짜기로 올라가서 여부스 곧 예루살렘 남
쪽 어깨에 이르며 또 힌놈의 골짜기 앞 서쪽에 있는 산 꼭대기로 올라가나니 이곳은 르바임 골짜기 북
쪽 끝이며 또 이 산 꼭대기에서부터 넵도아 샘물까지 이르러 에브론 산 성읍들로 나아가고 또 바알라
곧 <u>기럇 여아림</u>으로 접어들며"_여호수아 15:1-9

유다 지파 *Judah*

*참고로 읽어야 할 성경_여호수아 15:20-63
*오늘날에는 유다 지파의 사라진 작은 도시가 많다.

『12주에 끝내는 열두 지파 탐사 여행』 4과의 유다 지파를 읽고 답해 보라.

1. 유다 지파의 중심적인 인물은 누구이며, 도시는 어디인가? 유다 지파가 문명을 만든 곳은 어떤 지리적 특징이 있는가?

2. 다윗이 주전 11세기에 몰아낸 예루살렘의 원주민은 누구이며, 주후 637년에 예루살렘에 어떤 일이 발생했는가?

3. 예루살렘 성전은 언제부터 짓기 시작했으며 언제 완성되었는가?

창조적으로 자신의 생각을 토론해 보라.

1. 예수님께서 여관이 아닌 양을 키우던 동굴에서 탄생했다는 사실을 통해 그리스도의 삶의 어떤 부분이 느껴지는가? 당신도 그런 그리스도의 삶을 닮아갈 수가 있겠는가?

2. 엔게디 황무지로 쫓겨 다니던 다윗을 생각해 보자. 그가 보여 준 삶은 무엇이었는가? 그리스도인으로서 불합리하다고 느껴지는 환경을 어떻게 받아들일 수 있을지 이야기해 보자.

3. 1차 다윗 시대 예루살렘의 영토 환경에서 예루살렘 내부에서 발생한 일을 무엇인가? 그 작은 처소에 비해 최상의 성전 터를 드린 다윗의 마음에 대해 이야기해 보자.

단 지파 축복을 받았으나 유리하고 타락했다

<u>모세의 마지막 축복 기도</u>

"단에 대하여는 일렀으되 단은 바산에서 뛰어나오는 사자의 새끼로다" _신 33:22

1. 지도를 자세히 살피면서 다음의 질문에 답해 보라!

1 사사기 18장을 읽고 단 지파가 왜 북으로 이동할 수밖에 없었는지 이유를 적어 보자.

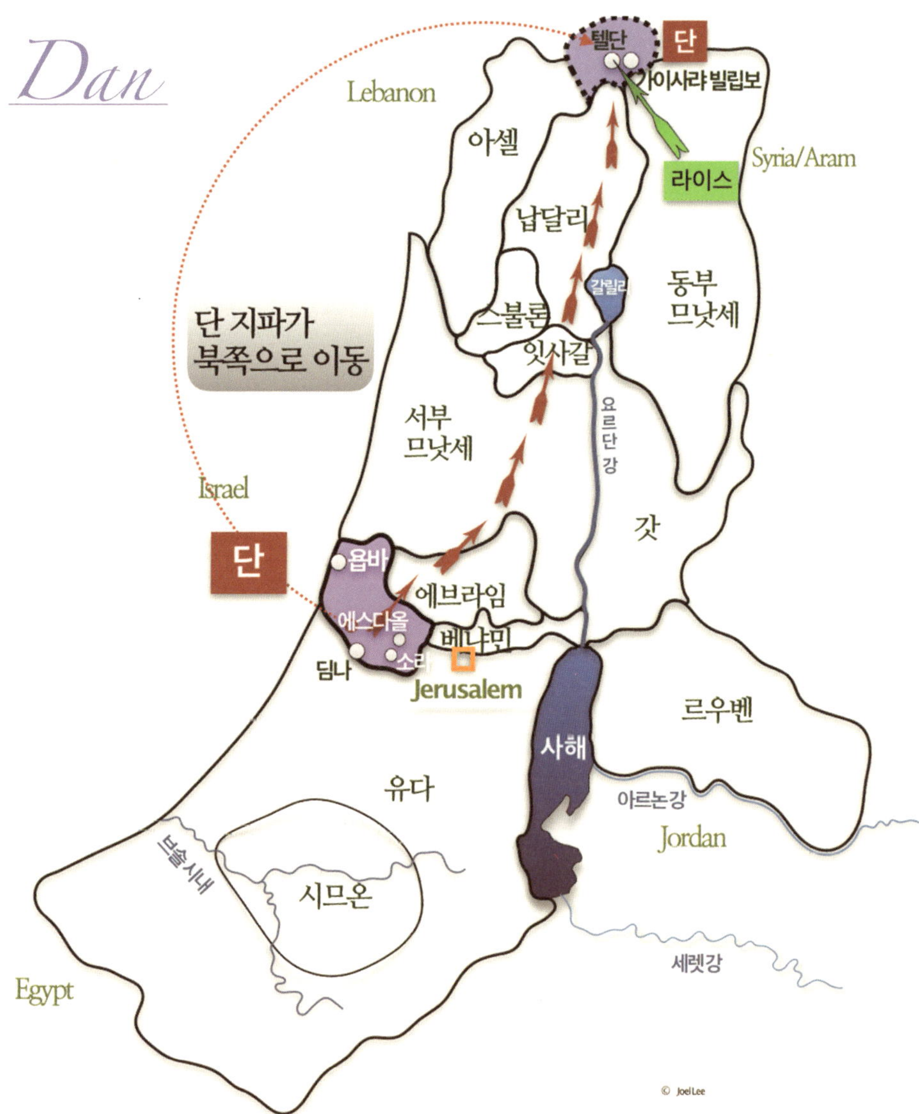
Dan
Lebanon
아셀
납달리
스불론
갈릴리
잇사갈
서부
므낫세
텔단
단
가이사랴 빌립보
라이스
Syria/Aram
동부
므낫세
요르단 강
갓
단 지파가
북쪽으로 이동
Israel
단
욥바
에브라임
에스다올
소라
베냐민
딤나
Jerusalem
르우벤
사해
유다
시므온
아르논강
Jordan
세렛강
Egypt
© Joel Lee

2. 단 지파의 디테일 맵

■ 아래 성경을 읽으면서 지도에 나오는 도시를 동그라미로 표시해 보라!지도에 없는 도시는

사라졌거나 크게 중요하지 않은 도시이다

<u>단 지파의 도시들</u>

"일곱째로 단 자손의 지파를 위하여 그들의 가족대로 제비를 뽑았으니 그들의 기업의 지역은 <u>소라</u>와 <u>에스다올</u>과 이르세메스와 <u>사알랍빈</u>과 <u>아얄론</u>과 이들라와 엘론과 <u>딤나</u>와 <u>에그론</u>과 <u>엘드게</u>와 <u>깁브돈</u>과 <u>바알랏</u>과 <u>여훗</u>과 <u>브네브락</u>과 <u>가드 립몬</u>과 메얄곤과 락곤과 <u>욥바</u> 맞은편 경계까지라 그런데 단 자손의 경계는 더욱 확장되었으니 이는 단 자손이 올라가서 레셈과 싸워 그것을 점령하여 칼날로 치고 그것을 차지하여 거기 거주하였음이라 그들의 조상 단의 이름을 따라서 레셈을 <u>단</u>이라 하였더라 단 자손의 지파가 그에 딸린 가족대로 받은 기업은 이 성읍들과 그들의 마을들이었더라"_여호수아 19:40-48

단 지파 *Dan*

텔단/라이스
납달리 지파
서부 므낫세 지파
북쪽으로이동
야르곤 강
가드 림몬
욥바
브네브락
여훗
에브라임 지파
벧다곤
아얄론강
롯
엘드게
깁브돈
사알랍빈
바알랏
아얄론
게셀
베냐민 지파
딤나
에스다올
에그론
소라
소렉 강
유다 지파

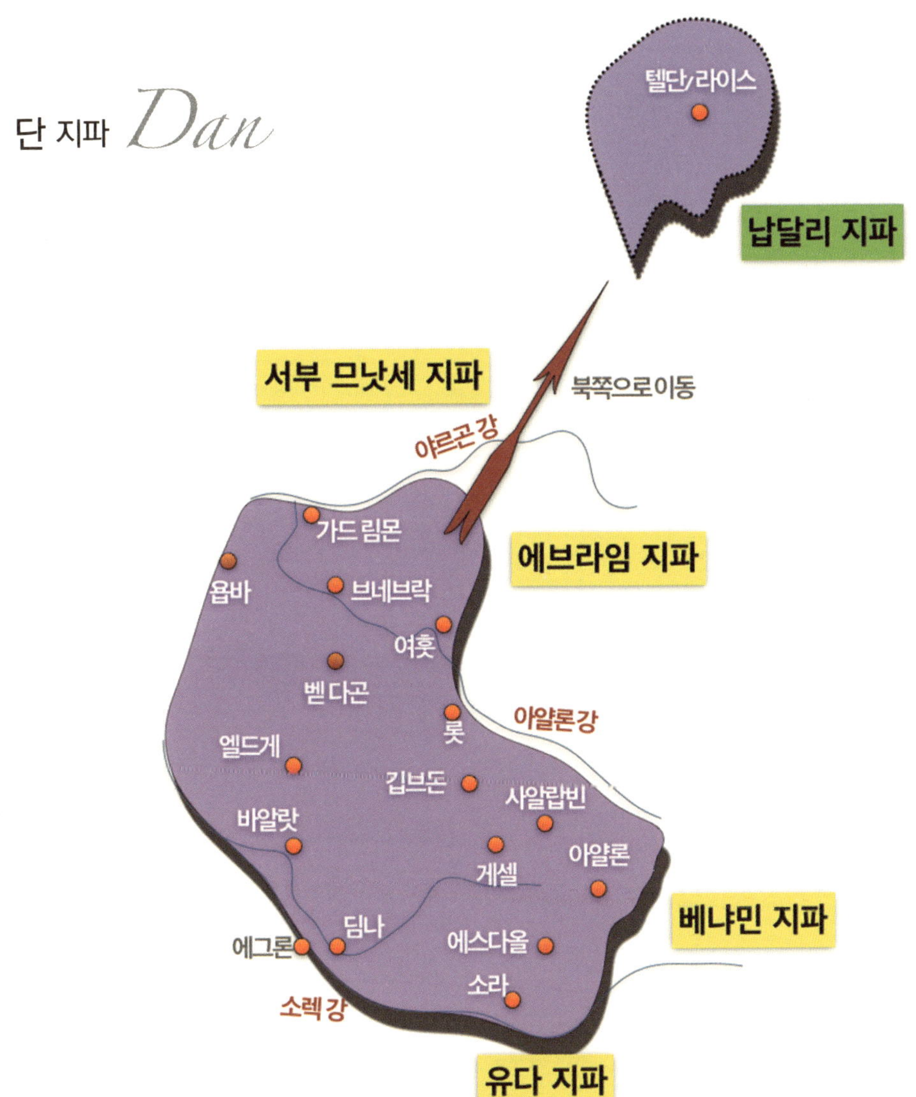

『12주에 끝내는 열두 지파 탐사 여행』 5과의 단 지파를 읽고 답해 보라.

1. 북으로 이주한 단 지파의 땅에 대해 어떻게 묘사되고 있는가?

2. 욥바의 히브리어 이름의 뜻과 욥바의 지리적 특징은 무엇인가?

3. 비아 마리스 길에서 발굴된 이집트 토관과 바로 왕 아멘호텝의 인장을 보면서 당시 욥바는 얼마 동안 이집트가 지배하고 있었으며, 그 영향력은 어떠했는가?

창조적으로 자신의 생각을 토론해 보라.

1. 최고의 수자원과 교통의 요충지를 점유했으며, 모세의 가족까지 거주한 단 지파가 우상 숭배 본거지로 전락된 이유와 원인이 무엇인가? 이런 영적 타락에 대해서 현대를 사는 우리가 피해야 할 점은 무엇인가?

2. 나무와 수자원이 풍부했던 단 지파를 심각한 물 부족에 시달렸던 르우벤 지파나 시므온 지파와 비교한다면, 단 지파는 어떤 지리적 특혜를 누렸다고 여겨지는가?

3. 하솔에 만들어진 물 공급 시스템을 통해 아합 왕이 어떤 면에서 뛰어나다고 여겨지는가?

납달리 지파 생명처럼 빛나는 호수, 최고의 아름다운 곳이 주어지다

모세의 마지막 축복 기도

"은혜가 풍성하고 여호와의 복이 가득한 납달리여 너는 서쪽과 남쪽을 차지할지로다" _신 33:23

1. 지도를 자세히 살피면서 다음의 질문에 답해 보자.

■ 하솔에서 무슨 일이 있었는가?수 11:1-15, 19:36, 삿 4:1-24

② 납달리 지파 게데스는 어떤 곳인가?수 12:22, 19:37, 21:32

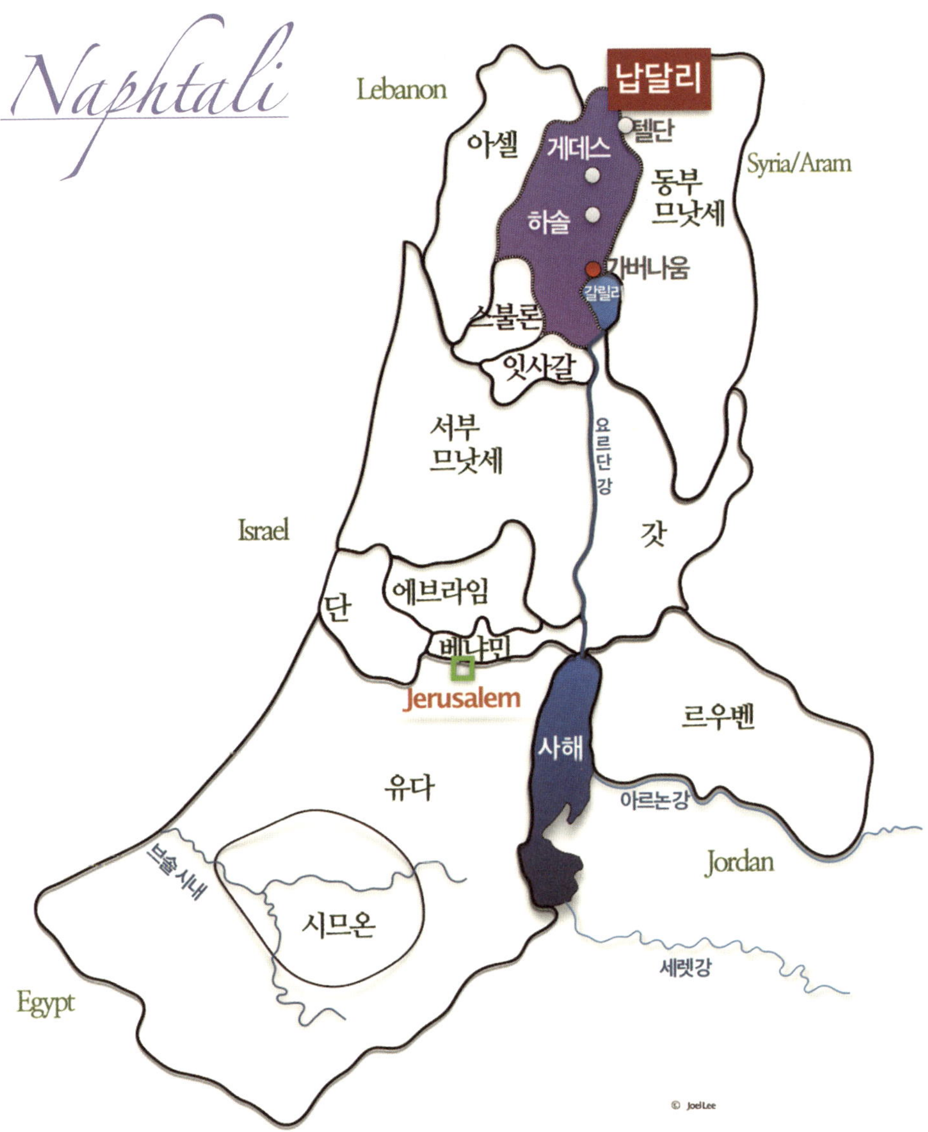

Naphtali
납달리
Lebanon
Syria/Aram
아셀
게데스
텔단
동부
므낫세
하솔
가버나움
갈릴리
스불론
잇사갈
서부
므낫세
요르단강
Israel
갓
단
에브라임
베냐민
Jerusalem
르우벤
사해
유다
아르논강
브솔시내
Jordan
시므온
세렛강
Egypt
© Joel Lee

2. 납달리 지파의 디테일 맵

■ 아래 성경을 읽으면서 지도에 나오는 도시를 동그라미로 표시해 보라!지도에 없는 도시는

사라졌거나 크게 중요하지 않은 도시이다

<u>납달리 지파의 도시</u>

"여섯째로 납달리 자손을 위하여 납달리 자손의 가족대로 제비를 뽑았으니 그들의 지역은 헬렙과 <u>사아난님</u>의 상수리나무에서부터 <u>아다미 네겝</u>과 <u>얍느엘</u>을 지나 락굼까지요 그 끝은 요단이며 서쪽으로 돌아 <u>아스놋 다볼</u>에 이르고 그 곳에서부터 <u>훅곡</u>으로 나아가 남쪽은 스불론에 이르고 서쪽은 아셀에 이르며 해 뜨는 쪽은 요단에서 유다에 이르고 그 견고한 성읍들은 싯딤과 세르와 <u>함맛</u>과 락갓과 <u>긴네렛</u>과 아다마와 라마와 하솔과 <u>게데스</u>와 에드레이와 <u>엔 하솔</u>과 <u>이론</u>과 믹다렐과 호렘과 <u>벧 아낫</u>과 <u>벧 세메스</u>니 모두 열아홉 성읍과 그 마을들이라 납달리 자손의 지파가 그 가족대로 받은 기업은 이 성읍들과 그 마을들이었더라"_여호수아 19:32-39

*납달리 지파의 라마와 벧 세메스는 사무엘의 고향 라마와 다르며, 유다 지파의 벧 세메스와도 다르다.

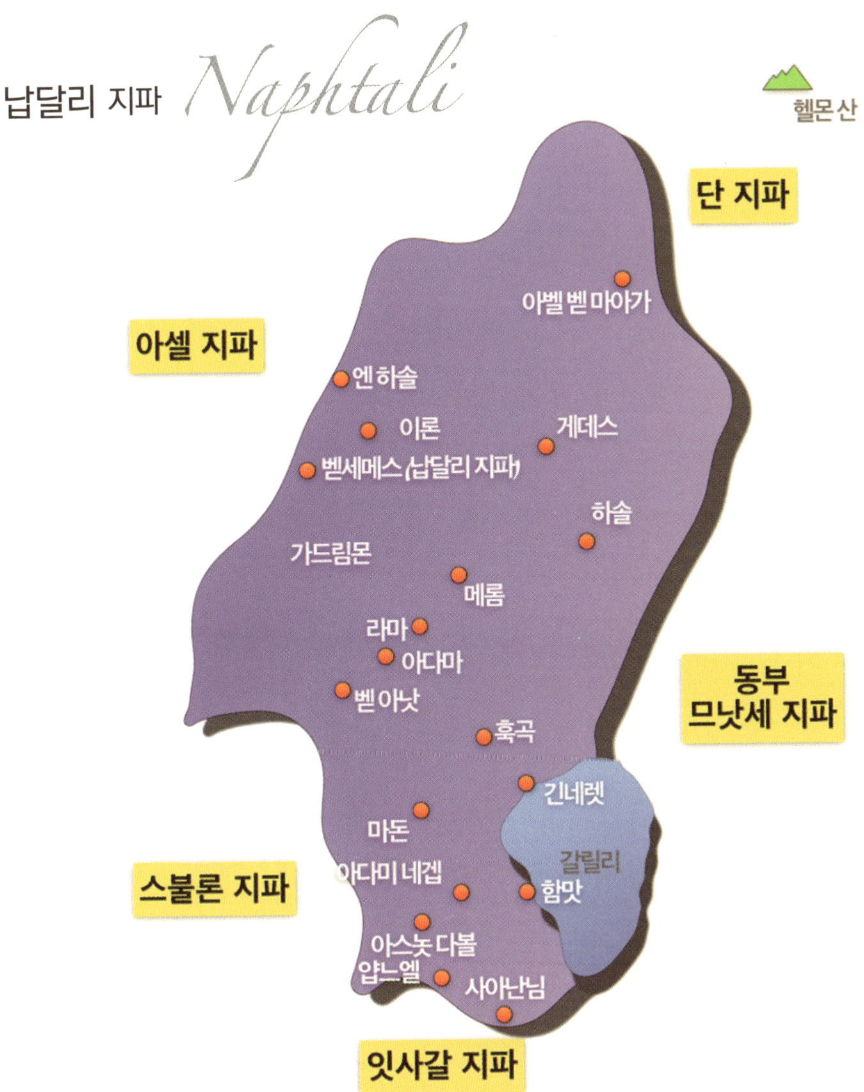

납달리 지파 *Naphtali*
헬몬산
단 지파
아셀 지파
아벨벧마아가
엔하솔
이론
게데스
벧세메스(납달리 지파)
하솔
가드림몬
메롬
라마
아다마
벧아낫
훅곡
동부
므낫세 지파
긴네렛
마돈
갈릴리
아다미 네겝
함맛
스불론 지파
아스놋 다볼
얍느엘
사아난님
잇사갈 지파

『12주에 끝내는 열두 지파 탐사 여행』 6과의 납달리 지파를 읽고 답해 보라.

1. 갈릴리 호수의 크기와 깊이를 적어 보라!

2. 납달리 지파가 차지한 상부 갈릴리와 하부 갈릴리의 특징은 무엇인가?

3. 예수님 당시 가버나움의 특징을 나열해 보라!

창조적으로 자신의 생각을 토론해 보라.

1. 납달리 지파는 유일하게 갈릴리 호수를 차지했으며, 풍성한 땅의 은혜를 입었다. 그의 삶에 대한 기록은 없으나 분배 과정을 통한 납달리에게 베풀어진 하나님의 성품과 은혜에 대해 이야기해 보라!주권은 전적으로 하나님께 있다

2. 아름다운 납달리 지파의 땅에 살며 주님의 기적을 본 가버나움과 벳새다와 고라신 주민들이 왜 주님의 책망을 들어야 했는지 추론해 보라!

3. 예수님이 타셨던 배, 입으셨던 옷, 드셨던 음식 등을 통해 예수님이 어떻게 인간을 사랑하며 자신의 몸을 내어주기까지 순종하셨는지를 나누고, 그리스도를 따른다는 것이 어떤 것인지 삶에 적용해 보라!

갓 지파 트란스요르단의 암몬 족과 함께 살다

모세의 마지막 축복 기도

"갓에 대하여는 일렀으되 갓을 광대하게 하시는 이에게 찬송을 부를지어다 갓이 암사자 같이 엎드리고 팔과 정수리를 찢는도다 그가 자기를 위하여 먼저 기업을 택하였으니 곧 입법자의 분깃으로 준비된 것이로다 그가 백성의 수령들과 함께 와서 여호와의 공의와 이스라엘과 세우신 법도를 행하도다"_신 33:20-21

1. 지도를 자세히 살피면서 다음의 질문에 답해 보자.

1 길르앗 라못에서 어떤 선지자가, 어떤 왕이 죽을 것을 예언했는가? 왕상 22:1-28

2 길르앗 야베스에서 무슨 일이 있었는가? 삿 21:14 ; 삼상 11:1-11

3 민수기 21:24에서 이스라엘이 행한 일은 무엇인가?

4 헤스본은 어떤 곳인가? 민 21:26

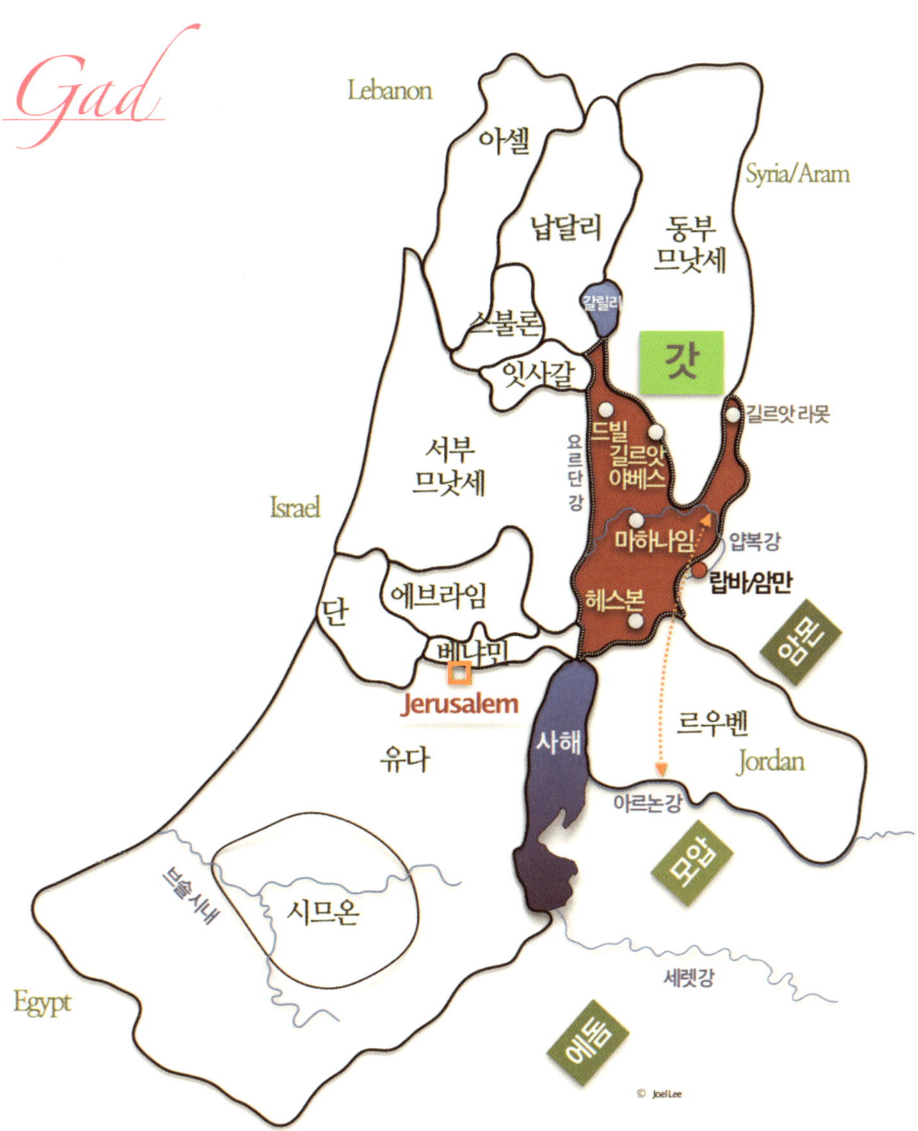
Gad
Lebanon
아셀
납달리
동부
므낫세
Syria/Aram
스불론
잇사갈
갈릴리
갓
서부
므낫세
요르단 강
드빌
길르앗
야베스
길르앗 라못
Israel
마하나임
얍복강
단
에브라임
헤스본
랍바/암만
암몬
베냐민
Jerusalem
사해
르우벤
Jordan
유다
아르논강
모압
브솔시내
시므온
세렛강
Egypt
에돔
© Joel Lee

2. 갓 지파의 디테일 맵

■ 아래 성경을 읽으면서 지도에 나오는 도시를 동그라미로 표시해 보라!지도에 없는 도시는

　사라졌거나 크게 중요하지 않은 도시이다

갓 지파의 도시

"모세가 갓 지파 곧 갓 자손에게도 그들의 가족을 따라서 기업을 주었으니 그들의 지역은 <u>야셀</u>과 길

<u>르앗</u> 모든 성읍과 암몬 자손의 땅 절반 곧 <u>랍바</u> 앞의 <u>아로엘</u>까지와 헤스본에서 <u>라맛 미스베</u>와 브도님까

지와 마하나임에서 <u>드빌</u> 지역까지와 골짜기에 있는 벤 하람과 <u>벧니므라</u>와 <u>숙곳</u>과 <u>사본</u> 곧 헤스본 왕 시

혼의 나라의 남은 땅 요단과 그 강 가에서부터 요단 동쪽 긴네렛 바다의 끝까지라 이는 갓 자손의 기업

으로 그들의 가족대로 받은 성읍들과 주변 마을들이니라"_여호수아 13:24-28

갓 지파 *Gad*

긴네렛 바다/갈릴리 호수
야르묵강
동부 므낫세 지파
가몬
잇사갈 지파
드빌
길르앗 라못
벨라
길르앗 야베스
길르앗
시본
서부 므낫세 지파
숙곳
브니엘
얍복강
마하나임
사르단
라맛 미스베
아담
욕부아
아로엘
랍바 (암만)
야셀
암몬
에브라임 지파
벧 니므라
아벨시팀
르우벤 지파

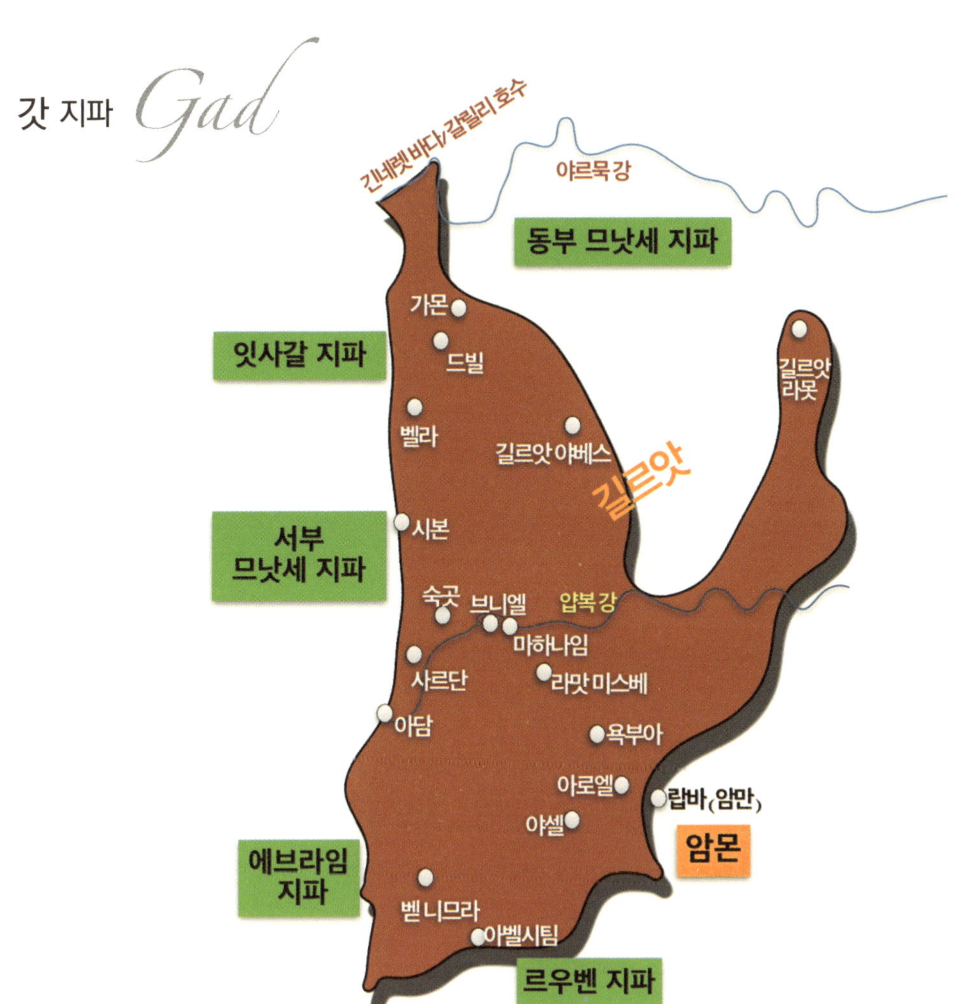

『12주에 끝내는 열두 지파 탐사 여행』 7과의 갓 지파를 읽고 답해 보라.

1. 갓 지파의 땅은 어떤 특징을 가졌는가?Introduction 참고

2. 암만옛 랍바 성은 어떤 면에서 예루살렘과 비슷한 구조를 가졌는가?

3. 갓 지파의 도시 마하나임의 뜻은 무엇이며, 그곳에서 있었던 일은 어떤 것인가?

창조적으로 자신의 생각을 토론해 보라.

1. 모세에게 탁월하다고 칭찬을 받을 정도로 용감했던 갓 지파가 두각을 나타내지 못한 것은
   무슨 이유인가?

2. 우리야를 예루살렘에서 랍바암만 전쟁터까지 보내서 계획적인 살해를 꾀했던 다윗의 계략
   은 실패했다. 성범죄를 은폐하려던 시도가 뜻하지 않은 몰락을 가져왔다. 예루살렘에서 랍
   바 간의 거리를 포함해서 이 일련의 죄의 증폭을 하나님의 시각에서 이야기해 보자.

3. 나오미와 룻이 모압에서 베들레헴으로 돌아왔던 시기가 보리 추수 때였으니, 요르단 강을
   긴넌다는 것이 쉽지 않았을 것이다. 룻이 기필코 나오미와 동행하려고 했던 이유는 무엇이
   었지 이야기해 보자.

아셀 지파 최북단 기름진 영토를 차지하다

모세의 마지막 축복 기도

"아셀에 대하여는 일렀으되 아셀은 아들들 중에 더 복을 받으며 그의 형제에게 기쁨이 되며 그의 발이 기름에 잠길지로다 네 문빗장은 철과 놋이 될 것이니 네가 사는 날을 따라서 능력이 있으리로다"
_신 33:24-25

1. 지도를 자세히 살피면서 다음의 질문에 답해 보자.

> **1** 악코와 관련 있는 신약시대의 도시는 어디인가? 행 21:7-8
>
> **2** 사사기 1장 31절에서 일어난 일은 무엇인가?
>
> **3** 두로는 어떤 곳이었는가?

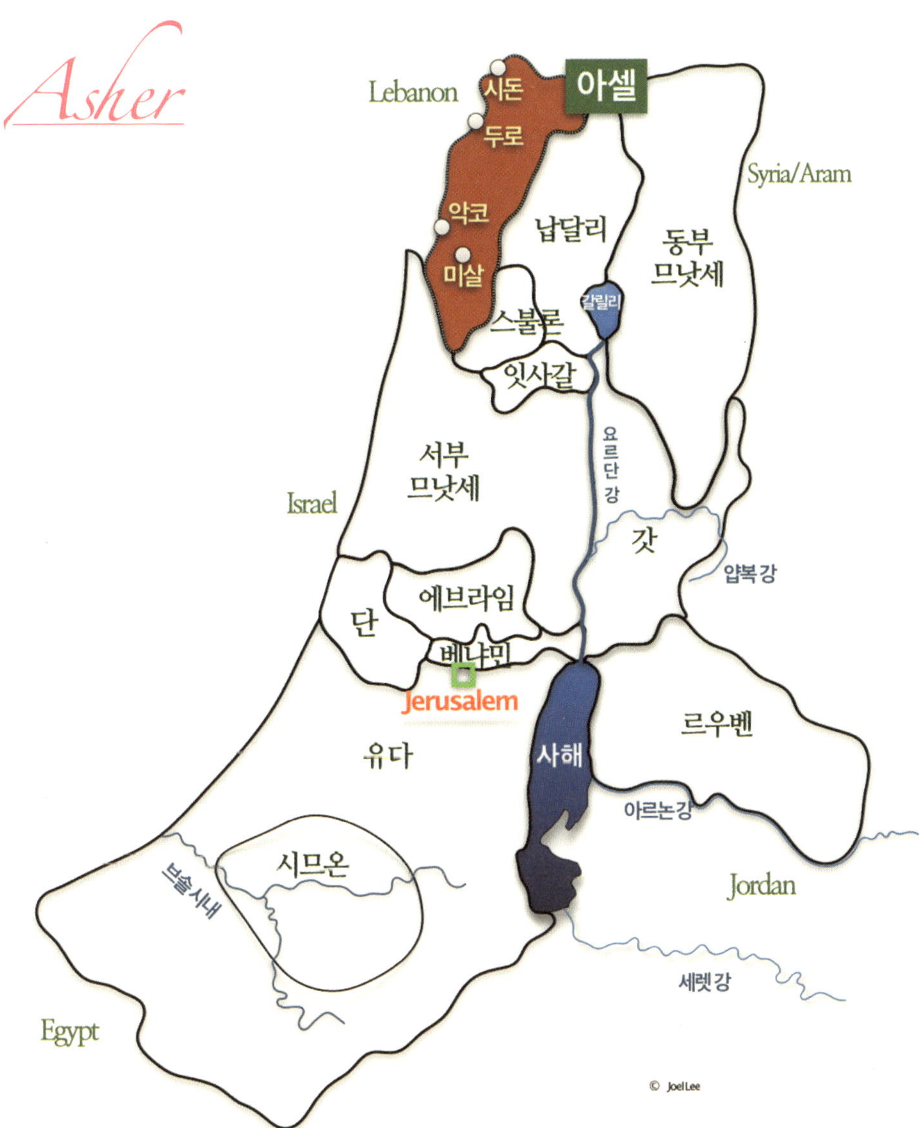
Asher
Lebanon
시돈
아셀
두로
Syria/Aram
악코
납달리
동부
므낫세
미살
갈릴리
스불론
잇사갈
서부
므낫세
요르단 강
Israel
갓
얍복강
에브라임
단
베냐민
Jerusalem
르우벤
유다
사해
아르논강
시므온
Jordan
부술시내
세렛강
Egypt
© Joel Lee

2. 아셀 지파의 디테일 맵

■ 아래 성경을 읽으면서 지도에 나오는 도시를 동그라미로 표시해 보라!지도에 없는 도시는
사라졌거나 크게 중요하지 않은 도시이다

아셀 지파의 도시들

"다섯째로 아셀 자손의 지파를 위하여 그 가족대로 제비를 뽑았으니 그들의 지역은 **헬갓**과 할리와
베덴과 **악삽**과 **알람멜렉**과 아맛과 **미살**이며 그 경계의 서쪽은 갈멜을 만나 시홀 림낫에 이르고 해 뜨
는 쪽으로 돌아 벧 다곤에 이르며 **스불론**을 만나고 북쪽으로 **입다 엘 골짜기**를 만나 **벧에멕**과 느이엘
에 이르고 가불 왼쪽으로 나아가서 에브론과 **르홉**과 **함몬**과 **가나**를 지나 큰 **시돈**까지 이르고 돌아서
라마와 견고한 성읍 **두로**에 이르고 돌아서 **호사**에 이르고 **악십** 지방 곁 바다가 끝이 되며 또 움마와 아
벡과 **르홉**이니 모두 스물두 성읍과 그 마을들이라"_여호수아 19:24-31

*가나는 물로 포도주 만든 곳과 다른 곳이며, 라마도 사무엘의 고향과 다른 곳이다.

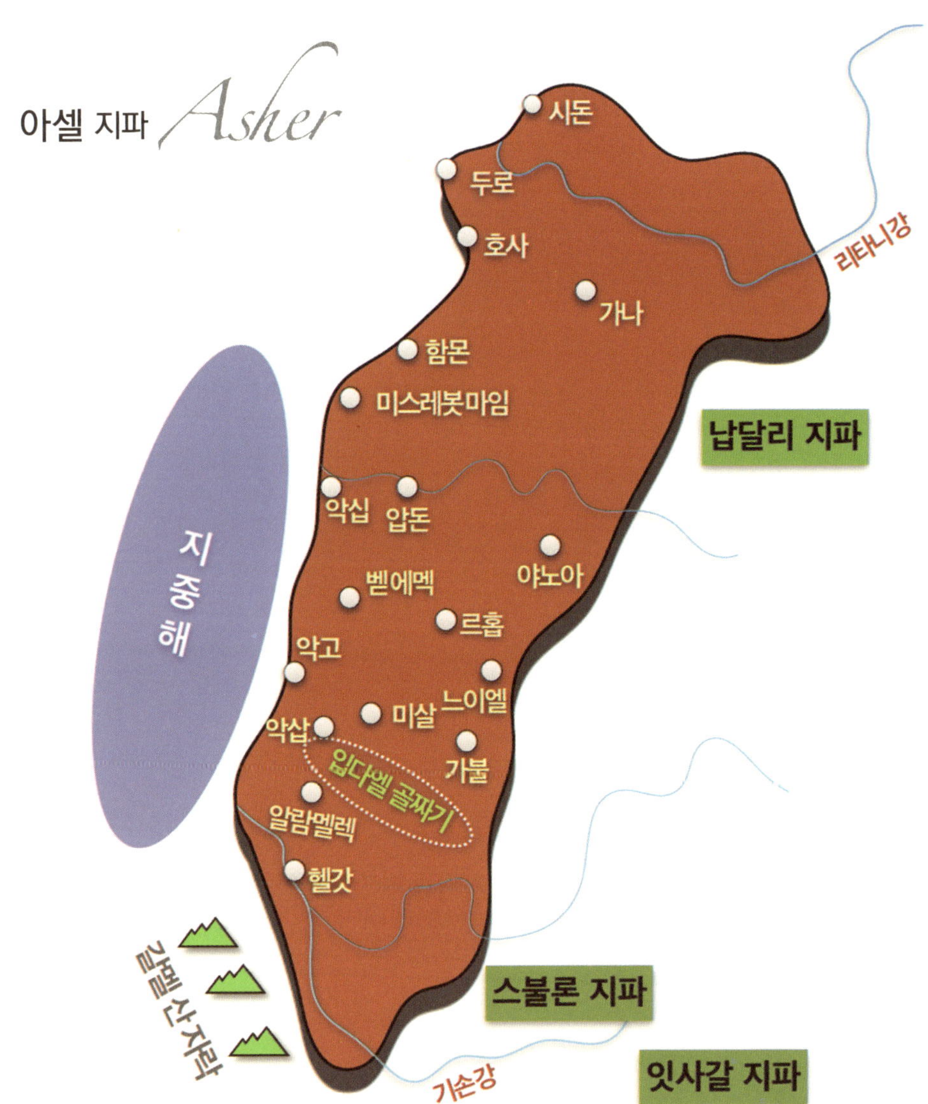

아셀 지파 Asher
시돈
두로
호사
가나
함몬
미스레봇마임
악십
압돈
벧에멕
야노아
르홉
악고
느이엘
미살
악삽
기불
입다엘 골짜기
알람멜렉
헬갓
지중해
리타니강
납달리 지파
스불론 지파
잇사갈 지파
기손강
갈멜산지맥

『12주에 끝내는 열두 지파 탐사 여행』 8과의 아셀 지파를 읽고 답해 보라.

1. 아셀 지파의 지리적 특징은 무엇인가?

2. 아셀 지파의 지중해 도시 악코는 신약에 와서 어떤 도시가 되었으며, 그 도시는 무엇과 연관이 있는가?

3. 아셀 지파에 속했던 두로에 대해서 적어 보라!

1. 아셀 지파는 '왕의 수라상'을 차릴 정도로 윤택한 땅과 문빗장이 철과 놋이 될 것이라는 예언을 받았다. 땅의 풍성함과 전방의 방위권을 의미한다. 아셀 지파는 왜 이런 예언을 지켜내지 못했을까?

2. 지리적으로 아셀은 최북방의 요지를 얻었다. 그 지역은 어떤 곳인가? 왜 아셀은 약해지고 말았는가? 약함을 극복하는 신앙은 어떻게 형성할 수 있는지 이야기해 보자.

3. 거대한 부를 축적했던 두로의 멸망 원인인 불의함에 관해 생각해 보자. 현대 사회에서 두로가 파멸된 것과 같은 불의에는 어떤 것이 있는가? 교회는 그런 불의를 어떻게 대항해야 하는가?

잇사갈 지파 작은 땅 그러나 알찬 영토

모세의 마지막 축복 기도

"잇사갈이여 너는 장막에 있음을 즐거워하라" _신 33:18

1. 지도를 자세히 살피면서 다음의 질문에 답해 보자.

■ 열왕기상 21장을 읽고, 이스르엘에서 있었던 일을 적어 보라!

■ 다볼 산에서 있었던 일은 무엇인가?

■ 수넴이 고향이었던 여인은 누구인가?왕상 1:3

■ 브엘세바에서 있었던 일은 무엇인가?창 21:22-34

Issachar
Lebanon
Syria/Aram
아셀
납달리
동부
므낫세
잇사갈
갈릴리
스불론
다볼산
수넴
이스르엘
서부
므낫세
요르단강
갓
Israel
단
에브라임
베냐민
Jerusalem
르우벤
유다
사해
아르논강
Jordan
시므온
브술 시내
세렛강
Egypt
© JoelLee

2. 잇사갈 지파의 디테일 맵

■ 아래 성경을 읽으면서 지도에 나오는 도시를 동그라미로 표시해 보라!지도에 없는 도시는
사라졌거나 크게 중요하지 않은 도시이다

잇사갈 지파의 도시

"넷째로 잇사갈 곧 잇사갈 자손을 위하여 그들의 가족대로 제비를 뽑았으니 그들의 지역은 이스르엘
과 그술롯과 수넴과 하바라임과 시온과 아나하랏과 랍빗과 기시온과 에베스와 레멧과 엔 간님과 엔핫
다와 벧 바세스이며 그 경계는 다볼과 사하수마와 벧 세메스에 이르고 그 끝은 요단이니 모두 열여섯
성읍과 그 마을들이라 잇사갈 자손 지파가 그 가족대로 받은 기업은 이 성읍들과 그 마을들이었더라"

_여호수아 19:17-22

*법궤가 도착했던 유다 지파의 벧 세메스와 다른 지역이다.

잇사갈 지파 *Issachar*

『12주에 끝내는 열두 지파 탐사 여행』 9과의 잇사갈 지파를 읽고 답해 보라.

1. 잇사갈 지파가 차지한 중심지는 어디이며, 잇사갈 지파 사람들은 어떤 독특함을 가졌는가?

2. 이스르엘 평원에 있는 잇사갈의 중심 도시들과 산은 무엇인가?

3. 이스르엘 평원은 무슨 뜻이며, 그곳에서 어떤 일이 있었는가?

1. 농업에 부적합한 환경을 가진 이스라엘은 어떻게 그 제한성을 극복했는지를 생각해 보고,
어떤 정신으로 환경을 극복해야만 삶의 환경적 변화가 나타나는지 이야기해 보자.

2. 엔돌의 무당을 찾아간 사울 왕은 어떤 면에서 어리석은가? 이스라엘의 왕이라면 국난 극
복을 위해 무엇을 해야 했는가? 샤머니즘에 의존하는 행동은 어떤 폐해를 가져오는가?

3. 수넴 여인의 섬김을 받았던 엘리사 선지자는 어떤 감동과 은혜를 받았을 것 같은가? 냉수
한 그릇을 대접하는 것에도 결단코 상을 잃지 않겠다는 말씀을 생각하며 이야기해 보자.
섬김은 어떤 변화를 주는가?

스불론 지파 세계인이 가장 가고 싶어 하는 예수 마을

모세의 마지막 축복 기도

"스불론에 대하여는 일렀으되 스불론이여 너는 밖으로 나감을 기뻐하라" _신 33:18

1. 지도를 자세히 살피면서 다음의 질문에 답해 보자.

■ 가드헤벨은 누구의 고향인가?왕하 14:25

■ 나사렛으로 올라간 이유는 무엇인가?마 2:19-23

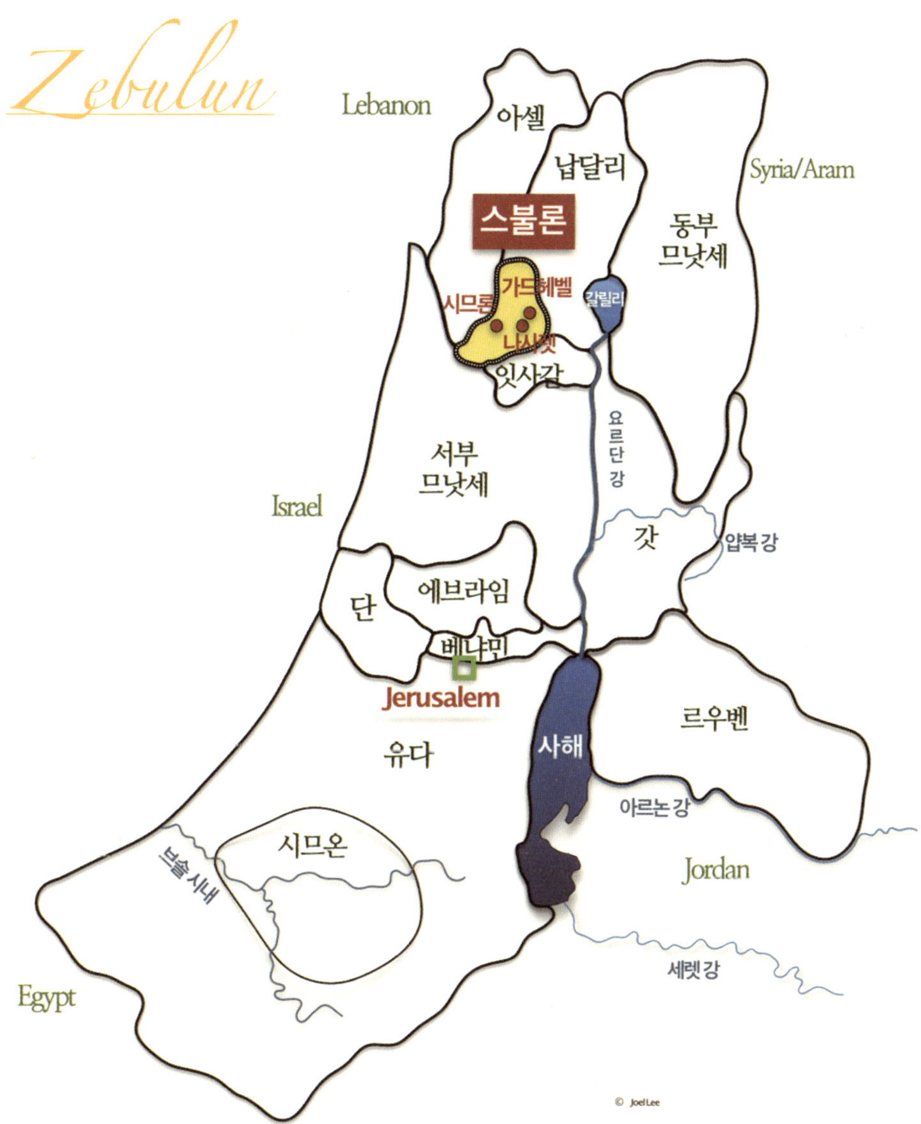

Zebulun
Lebanon
아셀
납달리
Syria/Aram
스불론
동부
므낫세
가드
헤벨
시므론
갈릴리
나사렛
잇사갈
서부
므낫세
요르단 강
Israel
갓
얍복 강
단
에브라임
베냐민
Jerusalem
르우벤
유다
사해
아르논 강
시므온
브술 시내
Jordan
Egypt
세렛 강
© Joel Lee

2. 스불론 지파의 디테일 맵

■ 아래 성경을 읽으면서 지도에 나오는 도시를 동그라미로 표시해 보라!지도에 없는 도시는 사라졌거나 크게 중요하지 않은 도시이다

<u>스불론 지파의 도시</u>

"셋째로 스불론 자손을 위하여 그들의 가족대로 제비를 뽑았으니 그들의 기업의 경계는 사릿까지이며 서쪽으로 올라가서 마랄라에 이르러 **답베셋**을 만나 **욕느암** 앞 시내를 만나고 **사릿**에서부터 동쪽으로 돌아 해 뜨는 쪽을 향하여 기슬롯 **다볼**의 경계에 이르고 **다브랏**으로 나가서 **야비아**로 올라가고 또 거기서부터 동쪽으로 **가드 헤벨**을 지나 엣 가신에 이르고 네아까지 연결된 **림몬**으로 나아가서 북쪽으로 돌아 **한나돈**에 이르고 입다엘 골짜기에 이르러 끝이 되며 또 갓닷과 나할랄과 시므론과 이달라와 베들레헴이니 모두 열두 성읍과 그 마을들이라 스불론 자손이 그들의 가족대로 받은 기업은 이 성읍들과 그 마을들이었더라"_여호수아 19:10-16

*유다 지파의 베들레헴과 다른 지역이며, 림몬도 사사기 20장 47절의 베냐민 지파 600명이 숨어 지낸 림몬 바위와 다른 곳이다. 나사렛은 구약시대에 없던 마을로서 스불론 지파에서 속한 신약의 마을이다.

스불론 지파 *Zebulun*

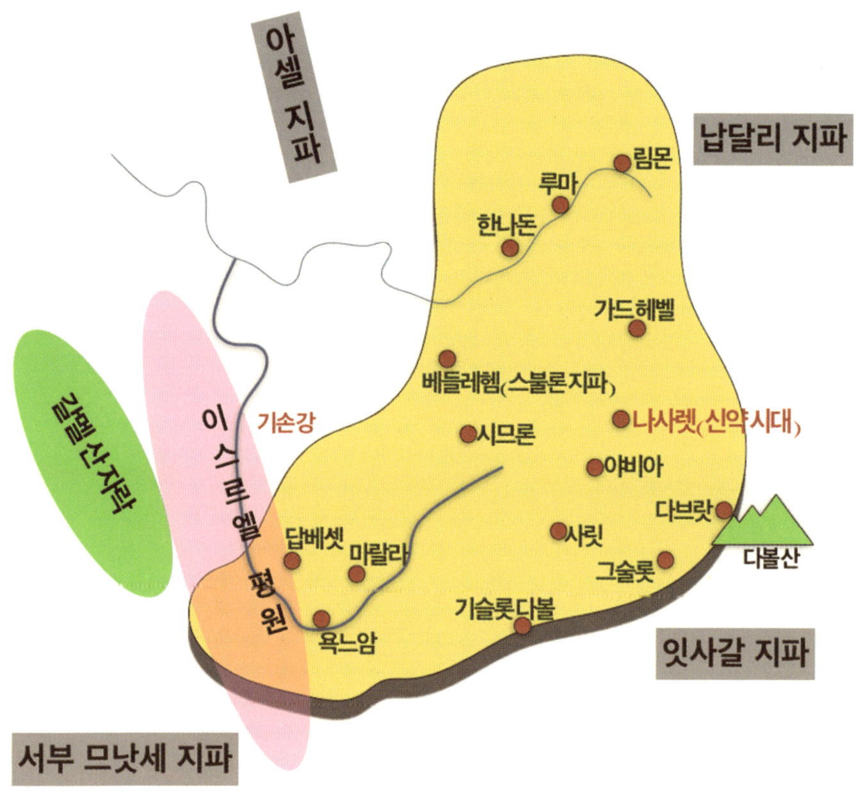

『12주에 끝내는 열두 지파 탐사 여행』 10과의 스불론 지파를 읽고 답해 보라.

1. 스불론 지파가 역대상 4장에서 빠진 이유는 무엇인가?

2. 그리스도를 통해 스불론 지파 땅이 받은 은총은 무엇이었는가?

3. 예수님 당시의 나사렛 마을은 어느 정도의 수준이었는가?

창조적으로 자신의 생각을 토론해 보라.

1. 예수님은 스불론 땅과 납달리 땅을 다니시며 큰 빛을 비추셨다. 당시 차별적인 유대교 사이에서 예수님의 행하심과 태도에서 우리는 무엇을 배울 수 있는가?

2. 요셉과 마리아는 스불론 지파 땅에 가난하게 살았다. 그들의 삶에 대해서 어떤 것이 느껴지는가? 왜 하나님은 그들은 선택했을까?

3. 스불론 지파가 시돈 땅까지 확장하고 해변을 차지하리라는 예언에도 불구하고 성취하지 못한 이유는 무엇인가? 여호수아 17:15, 17-18

므낫세 지파 가장 거대한 영토를 차지하다

모세의 마지막 축복 기도

"그 땅이 여호와께 복을 받아 하늘의 보물인 이슬과 땅 아래에 저장한 물과 태양이 결실하게 하는 선물과 태음이 자라게 하는 선물과 옛 산의 좋은 산물과 영원한 작은 언덕의 선물과 땅의 선물과 거기 충만한 것과 가시떨기나무 가운데에 계시던 이의 은혜로 말미암아 복이 요셉의 머리에, 그의 형제 중 구별한 자의 정수리에 임할지로다 그는 첫 수송아지 같이 위엄이 있으니 그 뿔이 들소의 뿔 같도다 이것으로 민족들을 받아 땅 끝까지 이르리니 곧 에브라임의 자손은 만만이요 므낫세의 자손은 천천이리로다" _신 33:13–17

1. 지도를 자세히 살피면서 다음의 질문에 답해 보자.

1 여드레아는 어떤 도시였는가? 수 13:12

2 므깃도에서 어떤 일이 있었는가? 왕하 9:27, 23:29–30

3 디르사는 어떤 곳이었는가? 왕상 15:33, 16:6–8

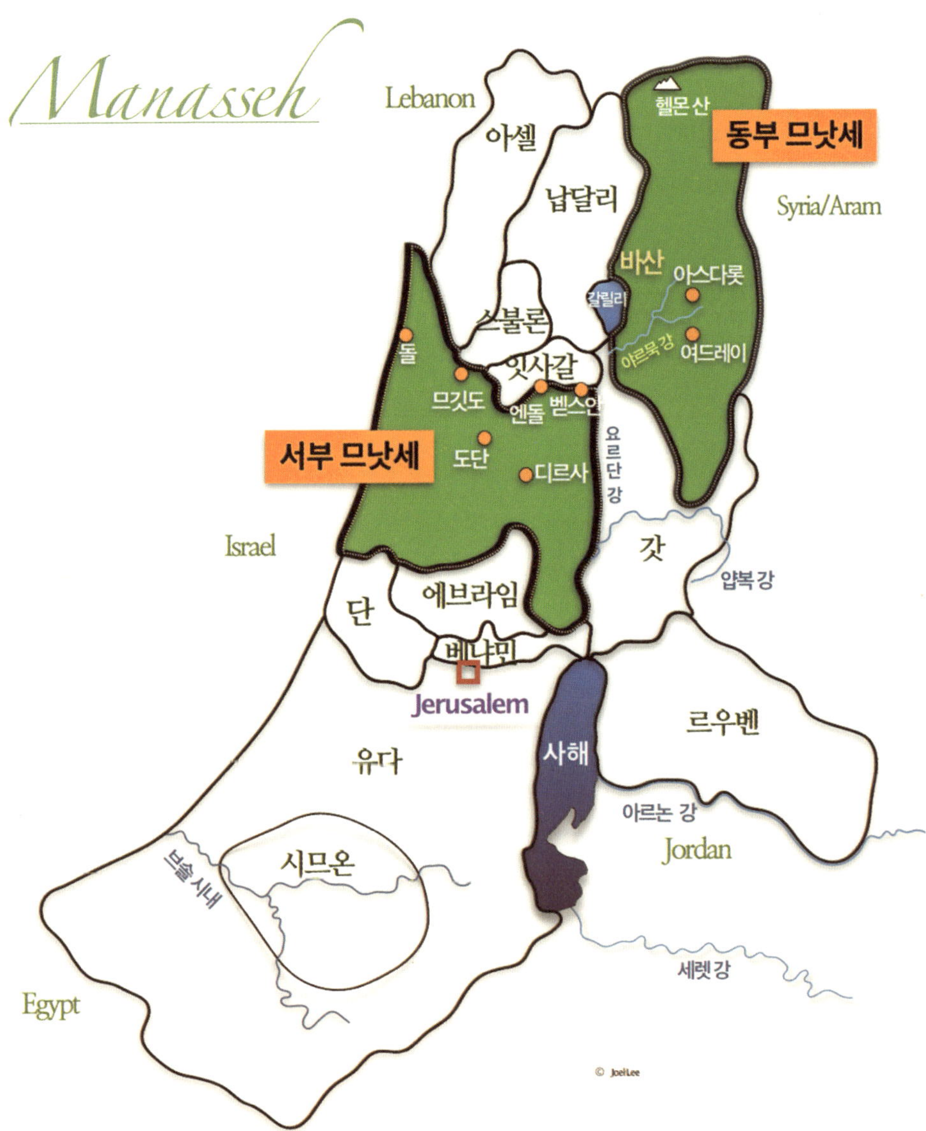

Manasseh
Lebanon
Syria/Aram
Israel
Jerusalem
Egypt
Jordan
아셀
납달리
헬몬산
동부 므낫세
바산
스불론
갈릴리
아스다롯
돌
잇사갈
야르묵 강
여드레이
므깃도
엔돌
벧스안
서부 므낫세
도단
디르사
요르단 강
갓
얍복 강
단
에브라임
베냐민
르우벤
사해
유다
아르논 강
브술 시내
시므온
세렛 강
© Joel Lee

2. 므낫세 지파의 디테일 맵

■ 아래 성경을 읽으면서 지도에 나오는 도시를 동그라미로 표시해 보라!지도에 없는 도시는
사라졌거나 크게 중요하지 않은 도시이다

<u>므낫세 지파의 도시 중 동부 므낫세 지파</u>

"므낫세 지파를 위하여 제비 뽑은 것은 이러하니라 므낫세는 요셉의 장자였고 므낫세의 장자 마길은
길르앗의 아버지라 그는 용사였기 때문에 길르앗과 바산을 받았으므로…요단 동쪽 <u>길르앗</u>과 <u>바산</u> 외에
므낫세에게 열 분깃이 돌아갔으니"_여호수아 17:1,5

<u>므낫세 지파의 도시 중 서부 므낫세 지파</u>

"므낫세의 경계는 아셀에서부터 세겜 앞 <u>믹므닷</u>까지이며 그 오른쪽으로 가서 엔답부아 주민의 경계
에 이르나니 답부아 땅은 므낫세에게 속하였으되 므낫세 경계에 있는 답부아는 에브라임 자손에게 속
하였으며 또 그 경계가 가나 시내로 내려가서 그 시내 남쪽에 이르나니 므낫세의 성읍 중에 이 성읍들
은 <u>에브라임</u>에게 속하였으며 므낫세의 경계는 그 시내 북쪽이요 그 끝은 바다이며 남쪽으로는 에브라
임에 속하였고 북쪽으로는 므낫세에 속하였고 바다가 그 경계가 되었으며 그들의 땅의 북쪽은 <u>아셀</u>에
이르고 동쪽은 <u>잇사갈</u>에 이르렀으며 잇사갈과 아셀에도 므낫세의 소유가 있으니 곧 <u>벧 스안</u>과 그 마을
들과 <u>이블르암</u>과 그 마을들과 돌의 주민과 그 마을들이요 또 <u>엔돌</u> 주민과 그 마을들과 <u>다아낙</u> 주민과
그 마을들과 <u>므깃도</u> 주민과 그 마을들 세 언덕 지역이라"_여호수아 17:7-11

므낫세 지파 *Manasseh*

『12주에 끝내는 열두 지파 탐사 여행』 11-A과의 므낫세 지파를 읽고 답해 보라.

1. 동부 므낫세 지파가 차지한 골란 고원은 무엇으로 유명한가?

2. 요셉이 형제들에게 팔린 장소는 동부 므낫세 지파와 서부 므낫세 지파 중 어디인가?

3. 이스르엘 평원의 군사 도시 므깃도는 왜 많은 전쟁을 치러야 했는가?

창조적으로 자신의 생각을 토론해 보라.

1. 제비를 뽑아 나눈 땅임에도 같은 형제들과 비슷한 장소를 얻게 된 것에는 어떤 이유가 있었을지 추론해 보라므낫세와 에브라임 베냐민, 유다와 시므온, 단과 납달리, 잇사갈과 스불론 등.

2. 야고보를 칼로 죽인 헤롯 아그립바 1세가 해충의 습격으로 사망했다. 로마서 12장 19절의 "원수를 갚지 말고 하나님의 진노하심에 맡기라"는 말씀을 통해 아그립바 1세의 악을 살펴보고, 그에 대한 심판을 이야기해 보라.

에브라임 지파 가장 안전한 땅을 차지하다

모세의 마지막 축복 기도

"…아버지의 손을 들어 에브라임의 머리에서 므낫세의 머리로 옮기고자 하여…나도 안다 내 아들아 나도 안다 그도 한 족속이 되며 그도 크게 되려니와 그의 아우가 그보다 큰 자가 되고 그의 자손 이 여러 민족을 이루리라 하고"_창 48:17, 19
"…곧 에브라임의 자손은 만만이요 므낫세의 자손은 천천이리로다"_신 33:13-17

1. 지도를 자세히 살피면서 다음의 질문에 답해 보자답을 모를 경우에는 뒤쪽에 해답을 참고.

■ 실로에서 발생한 일들은 무엇인가?수 18:1-10

② 딤낫 세라는 어떤 도시인가?수 19:50, 24:30

③ 에벤에셀과 아벡에서 어떤 일이 있었는가?삼상 4:1

Ephraim

Lebanon
Syria/Aram
아셀
납달리
동부 므낫세
스불론
갈릴리
잇사갈
서부 므낫세
Israel
에브라임
갓
아벡
에벤에셀
실로
얍복 강
딤낫세라
단
베냐민
Jerusalem
르우벤
사해
유다
아르논 강
시므온
브술 시내
Jordan
세렛 강
Egypt
© Joel Lee

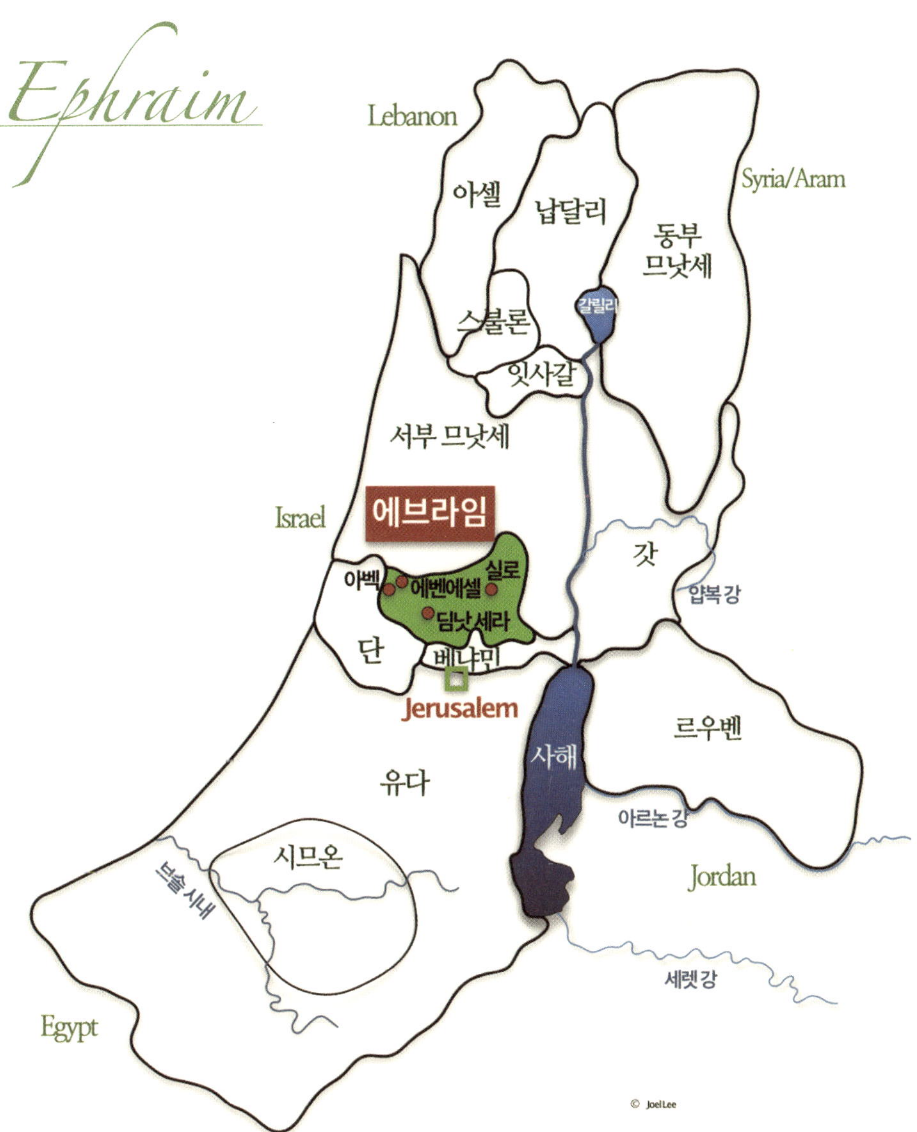

2. 에브라임 지파의 디테일 맵

■ 아래 성경을 읽으면서 지도에 나오는 도시를 동그라미로 표시해 보라!지도에 없는 도시는
사라졌거나 크게 중요하지 않은 도시이다

에브라임 지파의 도시

"요셉 자손이 제비 뽑은 것은 여리고 샘 동쪽 곧 여리고 곁 **요단**으로부터 광야로 들어가 **여리고로**부터 **벧엘** 산지로 올라가고 벧엘에서부터 루스로 나아가 아렉 족속의 경계를 지나 아다롯에 이르고 서쪽으로 내려가서 야블렛 족속의 경계와 **아래 벧호론**과 **게셀**에까지 이르고 그 끝은 바다라 요셉의 자손 므낫세와 에브라임이 그들의 기업을 받았더라 에브라임 자손이 그들의 가족대로 받은 지역은 이러하니라 그들의 기업의 경계는 동쪽으로 **아다롯 앗달**에서 **윗 벧호론**에 이르고 또 서쪽으로 나아가 북쪽 **믹므다**에 이르고 동쪽으로 돌아 **다아낫 실로**에 이르러 **야노아** 동쪽을 지나고 야노아에서부터 아다롯과 나아라로 내려가 여리고를 만나서 요단으로 나아가고 또 **답부아**에서부터 서쪽으로 지나서 **가나 시내**에 이르나니 그 끝은 바다라 에브라임 자손의 지파가 그들의 가족대로 받은 기업이 이러하였고 그 외에 므낫세 자손의 기업 중에서 에브라임 자손을 위하여 구분한 모든 성읍과 그 마을들도 있었더라 그들이 게셀에 거주하는 가나안 족속을 쫓아내지 아니하였으므로 가나안 족속이 오늘까지 에브라임 가운데에 거주하며 노역하는 종이 되니라"_여호수아 16:1-10

에브라임 지파 *Ephraim*

『12주에 끝내는 열두 지파 탐사 여행』 11-B과의 에브라임 지파를 읽고 답해 보라.

1. 에브라임 지파가 가나안 1세대를 이끄는 리더 지파가 된 이유는 무엇인가?

2. 성막이 위치했던 실로의 히브리어의 뜻은 무엇인가?

3. 시므온과 레위가 여동생에 대한 사건에 대해 칼로 복수했던 마을은 어디인가?

1. 에브라임 지파 실로에 성막이 세워진 이유가 무엇인지 지리적인 관점에서 살피면서 추론해 보고, 함께 이야기해 보자.

2. 엘리의 아들 홉니와 비느하스의 혼합주의와 예배의 멸시, 성폭력의 결과는 이스라엘의 집단적 몰락을 가져왔다. 종교 지도자가 가진 종교적 권세에서 나오는 폭력과 야만성은 어떻게 조절되어야 한다고 생각하는가?

3. '하나님의 집'을 의미하는 벧엘에 세워진 금송아지는 어떤 역할을 했으며, 금송아지의 본질이 무엇인가? 오늘날 믿음을 훼손시키는 금송아지와 비견되는 것에는 무엇이 있을지 생각해 보라.

베냐민 지파 민둥 산지로 구성된 작은 영토를 얻다

모세의 마지막 축복 기도

"여호와의 사랑을 입은 자는 그 곁에 안전히 살리로다 여호와께서 그를 날이 마치도록 보호하시고 그를 자기 어깨 사이에 있게 하시리로다"_신 33:12

1. 지도를 자세히 살피면서 다음의 질문에 답해 보자.

1 기브온에서 어떤 일이 있었는가? 수 10:12 ; 삼하 21:1-9

2 기브아에서 일어난 사건은 무엇인가? 삿 19:11-26

3 아나돗에서 있었던 일은 무엇인가? 왕상 2:26 ; 렘 11:21

Benjamin
Lebanon
Syria/Aram
Israel
Egypt
Jordan
Jerusalem
아셀
납달리
동부
므낫세
갈릴리
스불론
잇사갈
서부
므낫세
요르단 강
갓
에브라임
베냐민
기브온
단
기브아
여리고
얍복 강
아나돗
르우벤
유나
사해
아르논 강
시므온
바술 시내
세렛 강
© JoelLee

2. 베냐민 지파의 디테일 맵

■ 아래 성경을 읽으면서 지도에 나오는 도시를 동그라미로 표시해 보라!지도에 없는 도시는

사라졌거나 크게 중요하지 않은 도시이다

베냐민 지파의 도시

"베냐민 자손 지파를 위하여 그들의 가족대로 제비를 뽑았으니 그 제비 뽑은 땅의 경계는 유다 자손과 요셉 자손의 중간이라 그들의 북방 경계는 요단에서부터 여리고 북쪽으로 올라가서 서쪽 산지를 넘어서 또 올라가서 **벧아웬 황무지**에 이르며 또 그 경계가 거기서부터 루스로 나아가서 루스 남쪽에 이르나니 루스는 곧 **벧엘**이며 또 그 경계가 <u>아다롯 앗달</u>로 내려가서 아래 벧호론 남쪽 산 곁으로 지나고 벧호론 앞 남쪽 산에서부터 서쪽으로 돌아 남쪽으로 향하여 유다 자손의 성읍 기럇 바알 곧 **기럇 여아림**에 이르러 끝이 되나니 이는 서쪽 경계며 남쪽 경계는 기럇 여아림 끝에서부터 서쪽으로 나아가 <u>넵도아 물 근원</u>에 이르고 <u>르바임 골짜기</u> 북쪽 힌놈의 아들 골짜기 앞에 있는 산 끝으로 내려가고 또 힌놈의 골짜기로 내려가서 여부스 남쪽에 이르러 <u>엔 로겔</u>로 내려가고 또 북쪽으로 접어들어 <u>엔 세메스</u>로 나아가서 아둠밈 비탈 맞은편 글릴롯으로 나아가서 르우벤 자손 보한의 돌까지 내려가고 북으로 아라바 맞은편을 지나 아라바로 내려가고 또 북으로 **벧 호글라** 곁을 지나서 요단 남쪽 끝에 있는 염해의 북쪽 해만이 그 경계의 끝이 되나니 이는 남쪽 경계며 동쪽 경계는 요단이니 이는 베냐민 자손이 그들의 가족대로 받은 기업의 사방 경계였더라"_여호수아 18:11-20

*네게브 남쪽 홍해 근처의 아라바 광야와 다른 지명이다.

베냐민 지파 *Benjamin*

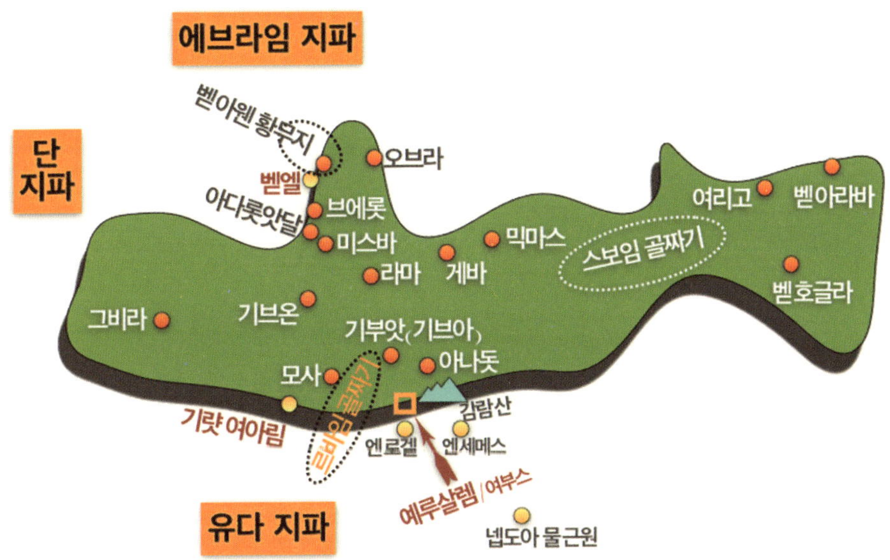

『12주에 끝내는 열두 지파 탐사 여행』 12과의 베냐민 지파를 읽고 답해 보라.

1. 여리고의 특징에 대해서 나열해 보자.

2. 여리고를 네 가지의 방법으로 조사했을 때 여리고 성이 무너진 증거들은 무엇이었는가?

3. 기브온이 가진 특징은 무엇인가?

창조적으로 자신의 생각을 토론해 보라.

1. 여리고 성에서 발굴된 기원전 15세기경의 불에 탄 곡물 항아리의 증거물을 통해서 무너진 여리고의 역사성에 대해 이야기해 보자.

2. 솔로몬이 구한 '레브 쇼메아순종의 마음, 들을 수 있는 마음'에 감동하신 하나님께서 구하지 않은 부귀와 영광을 주신 것을 통해 우리의 기도의 본질이 무엇이 되어야 할지 이야기해 보자약 4:3 참고.

3. 기브아에서 일어난 전쟁으로 베냐민이 전멸에 이를 정도였다. 전쟁의 원인을 생각해 보고, 마태복음 5장 9절 "화평하게 하는 자는 복이 있나니 그들이 하나님의 아들이라 일컬음을 받을 것임이요"라는 말씀을 통해 베냐민 전쟁을 화평으로 만들 수 있었던 방식이 있다면 어떤 것이 있을지 제안해 보라.

서론

1. 1) 아나톨리아**오늘날 터키** 2) 이집트 3) 메소포타미아

2. 큰 강이 없었기에

3. 나일 강, 유프라테스 강, 티그리스 강

1과 르우벤 지파

1) 아르논 강 2) 모압 3) 세렛 강 4) 에돔 5) 페트라

1. 에돔·모압·암몬족과 전쟁을 함, 불뱀에 물림, 놋뱀 제작, 발람의 저주, 모세의 사망, 세례 요한
   의 순교, 느보 산에서 모세가 가나안 땅을 바라보고 간청함

2. 민둥산, 불모지, 물 부족, 목축만이 가능한 풀밭, 농사짓기 어려운 곳, 아모리 족과 전쟁해야 할
   불안한 땅, 험한 산세, 암몬 족의 월신 숭배 유행

3. 레반트 지역과 메소포타미아를 연결하는 왕의 대로, 에돔, 모압, 암몬

2과 시므온 지파

1. 노여움이 혹독하고 잔인한 혈기를 가진 것으로 인해 아버지 야곱의 저주를 받았기 때문이다.
   또한 시므온 지파의 주동자 시므이에 의한 바알브올 숭배와 모압 여인과의 음행에 대한 모세의
   노여움으로 인해 축복이 주어지지 않았다는 점을 생각하게 함

2. 이스라엘 민족이 거주할 수 있는 영토의 경계

3. 브엘세바에 큰 제단을 만들고 우상을 섬기는 센터로 전락시켰기 때문

3과 레위 지파

1. 게르손- 성막 내부에 관한 일을 관리**북방지역**, 므라리-성막을 옮길 때**요르단 강 동편**, 고핫-법궤,
   진설병, 메노라, 분향단을 옮기는 일을 함**유다 지파 중심으로 살았음**

2. 25세~50세

3. 흩어진 도시에서 예배의 모범자로 사는 일, 타 지파를 영적으로 인도하는 일, 영적인 멘토가 되
어주는 일

4과 유다 지파

1. 다윗, 예루살렘, 해발 800~900m의 이스라엘 등뼈라고 불리는 중앙 산악지대

2. 여부스 족, 이슬람의 침공으로 500년간 예루살렘이 이슬람화됨

3. 주전 18년또는 19, 20년에서 시작되어 주후 64년에 완성됨

5과 단 지파

1. 염려가 없고, 평온하고, 안전하며 부족함이 없었던 곳

2. 아름다운 곳, 지중해의 미풍이 불어오는 곳, 밀가루 같은 모래, 좋은 기후, 쾌적한 곳

3. 약 300년간 이집트의 지배를 당함

6과 납달리 지파

1. 호수 둘레 51km, 동서 거리 13km, 남북 21km 깊이 48m45m, 해저 210m에 위치하며 세계에서
가장 낮은 담수호

2. 산악지대, 물이 풍부, 상수리나무가 많음, 하부 갈릴리는 충적토로 농사에 좋음, 석회암 산세,
테라로사 토양, 포도나무들이 잘 자람, 매해 55,000톤 포도 생산

3. 그리스도 사역의 중심지, 다섯 명의 제자들이 가버나움 출신, 예수님의 회당 설교, 전신 마비
환자 고침, 베드로 집에서 휴식, 갈릴리에서 어획량이 1위, 어시장이 형성됨, 현무암 바위로 구
성된 가옥, 베드로의 생가가 있었음

7과 갓 지파

1. 최고의 땅, 농사보다는 목축에 적합한 땅, 향유의 주산지, 암몬 족이 살았던 땅, 군사적인 공격
   이 잦음

2. 산 위의 도시로서 군사 방어 도시

3. 두 개의 진영텐트, 마하나임에서 가축을 두 떼로 나눈 후 한 떼는 앞서 보내고 한 떼는 뒤에 남김

8과 아셀 지파

1. 북 가나안의 지중해변에 위치, 비옥한 땅, 외부 침공을 받기 쉬운 곳, 바알 문화가 들어오기 쉬운 곳

2. 돌레마이로서 사도 바울이 3차 전도 여행을 마치고 도착한 곳

3. 섬, 상업 도시, 지중해 무역을 관장, 다윗과 동맹을 맺을 정도로 강성, 보라색 옷감 제조로 유
   명, 우상 숭배가 가득함, 강대국의 침공을 받음, 지중해 무역으로 재물을 축적, 심판을 당한
   도시

9과 잇사갈 지파

1. 이스르엘 땅, 시세를 알고 이스라엘이 마땅히 행할 것을 아는 두목이 200명이나 있었으며, 용
   감한 전사들이 많고 비범함이 있었음

2. 수넴, 엔돌, 다볼 산

3. '하나님이 씨앗을 뿌릴 것이다', 나봇의 포도원이 있던 곳, 잇사갈, 스불론, 동부 므낫세 지파가
   위치했던 곳

10과 스불론 지파

1. 역대기의 기록이 포로 이후에 되었기에 포로기 이후 강화된 유대교적 혈통주의가 혼혈이 된 스
   불론 지파에 대한 실망감으로 제외한 것으로 보여짐

2. 그리스도가 오심으로 소외된 나사렛이 세계적인 도시가 되었고, 불쌍한 자들에게 구원의 복이 임하게 됨

3. 요세푸스 저작에도 200여 개의 마을에서도 나사렛이 존재하지 않을 정도로 미미했고, 수십 명의 가족이 살던 산동네였음

11-A과 므낫세 지파

1. 과수와 목축과 헬몬 산으로 유명함

2. 동부 므낫세 지파의 길르앗

3. 서부 므낫세 지파의 도단 이집트에서 메소포타미아로 연결되는 비아 마리스해변길이 지나는 곳에 위치했으며, 식량을 얻을 수 있는 이스르엘 곡창지대가 있었기 때문

11-B과 에브라임 지파

1. 창세기 48장 19절 아버지 야곱의 축복 기도 중에 에브라임이 크게 번성하고 그 자손이 창대할 것이라는 선언에 대한 결과

2. 그하나님에게 속한 곳

3. 세겜

12과 베냐민 지파

1. 세계에서 가장 낮은 도시, 종려나무의 도시, 달의 도시, 세계에서 가장 오래된 도시

2. 세라믹 데이터-지층의 토기들이 주전 1400년경의 것, 무너진 지층들이 주전 1400년경의 것, 주전 18세기-14세기의 이집트 바로왕의 이름이 기록된 인장이 출토, 탄소연대측정 결과가 주전 1410+40년

3. 이스라엘에서 가장 큰 물 저장고, 솔로몬 이전에 판 술 저장고

12주에 끝내는

열두 지파
탐사 여행
워크북

이요엘 지음

발행처 | 도서출판 평단
발행인 | 최석두

초판 1쇄 인쇄 | 2018년 9월 6일
초판 1쇄 발행 | 2018년 9월 10일

신고번호 | 제2015-000132호 / 신고연월일 | 1988년 7월 6일
주소 | (10594) 경기도 고양시 덕양구 통일로 140(동산동 376)
　　　삼송테크노밸리 A동 351호
전화번호 | (02)325-8144(代)
팩스번호 | (02)325-8143
이메일 | pyongdan@daum.net
블로그 | http://blog.naver.com/pyongdan

ISBN | 978-89-7343-513-5 03230

값 9,800원

ⓒ 이요엘, 2018, Printed in Korea